CAMILLERI

Il corso delle cose

AD 03068186

La memoria

423

Andrea Camilleri

Il corso delle cose

Sellerio editore
Palermo

1998 © *Sellerio editore via Siracusa 50 Palermo*
1999 *terza edizione*

853

Camilleri, Andrea <1925>

Il corso delle cose / Andrea Camilleri. - 3. ed. - Palermo: Sellerio, 1999.
(La memoria ; 423)
ISBN 88-389-1472-9
853.914 CDD-20

CIP - *Biblioteca centrale della Regione siciliana*

Il corso delle cose

... il corso delle cose
è sinuoso...

MERLEAU-PONTY, *Senso e non senso*

Ambientare un racconto a Londra o a Nuovaiorca resterà l'ambizione massima e purtroppo sempre delusa dell'autore: egli, non possedendo la fantasia di un Verne e francamente restìo all'aeroplano, di queste città conosce soltanto quello di cui l'informano il cinematografo e la TV. Sa naturalmente dove si trovano Bond Street o la Quinta strada ma degli uomini che ci passano e ci campano ignora praticamente ogni cosa. Al contrario, crede di sapere tutto delle parti sue e dei suoi compaesani ha l'ambizione di riuscire a indovinare magari i pensieri. E sbaglia, naturalmente. Ora, avendo immaginato una storia di fantasia, non ha saputo fare altro che calarla para para nelle case e nelle strade che conosce, pure sapendo di poter incappare in qualche sventurata coincidenza. Del che si scusa. La storia, torna a ripetere, se l'è tutta inventata da solo: qualche eventuale omonimia e qualche eventuale coincidenza di situazione sono da imputarsi al caso maligno.

L'autore dedica questo libro alla memoria di suo padre, che non seppe insegnargli altro se non di essere quello che è.

A.C.

– Che tramonto bello! – fece il maresciallo Corbo scostando per un attimo il fazzoletto che teneva premuto sul naso. – Ce ne sono, dalle parti tue, tramonti così?

Il carabiniere Tognin avrebbe voluto rispondere di sì a parole, dire che dalle parti sue forse ce n'erano di meglio, ma era di Venezia, a certi spettacoli non era ancora abituato e sentiva di tanto in tanto uno strizzone di vomito che gli contraeva lo stomaco. Fece solo un cenno affermativo con la testa.

Effettivamente il tramonto era da godersi. Lontano, a ponente, verso il mare distante qualche chilometro, la sagoma frastagliata di Capo Rossello spiccava controluce, scura, sullo specchio calmo, arrossato, mentre da levante cariche nuvole d'acqua arrancavano verso il paese appena visibile ai piedi della collina sulla quale loro si trovavano. Un contrasto netto, tagliato col coltello, che aumentava il disagio di Tognin abituato a un paesaggio più morbido e pacifico.

L'omaggio alla poesia era costato a Corbo una smorfia di schifìo per la densa zaffata che gli si era subito attaccata alle narici: a settembre, in Sicilia, il sole batte ancora forte.

Il terzo uomo, un contadino, non aveva isato gli occhi che teneva puntati a terra, si era arrotolata una sigaretta – cicche e trinciato forte – e ora stava a fumare appoggiato a un albero. Il maresciallo aveva gana di pensare al tramonto, ma lui no: salta il tronzo e va in culo all'ortolano, diceva il proverbio. Il tronzo era saltato e lui ora se lo poteva tenere in quel posto. Vicinissimo ai suoi piedi, con le gambe dentro un sacco legato alla vita, le mani serrate dietro la schiena da una sottile cordicella, l'ammazzato impestava l'aria mezzo ammucciato da una macchia di saggina. Un paio di scarpe consunte – le sue – gli erano state in bell'ordine assistimate sul petto.

Due ore avanti il contadino, sottosopra – un po' troppo, a parere di Corbo che in queste cose ci vedeva quasi sempre giusto – si era precipitato in caserma a contare che, passando per un viottolo al limite del suo campo, aveva trovato un morto. Ora stavano lì, ad aspettare il pretore che se la pigliava sempre comoda.

«Speriamo che arrivi prima che venga giù il diluvio» pensò Corbo, tenendo il respiro e asciugandosi con il fazzoletto il sudore sul collo. Tutto quello che per il momento c'era da dire, con il contadino, era già stato detto: adesso bisognava insistere, armandosi di santa pacienza, ripetere sempre le stesse domande perché si inchiovassero su quella testa dura di legno.

– Io vorrei solo sapere – attaccò ancora una volta Corbo per fare onore alla firma – quanto tempo te la sei stata a pensare.

– Appena l'ho visto, sono corso – disse il contadino.

– Gli hanno sparato come minimo tre giorni fa – continuò Corbo – o ti è caduto il naso?

– E io da tre giorni non passavo.

Ci fu un silenzio. Poi il contadino riprese a parlare, senza voltarsi a nessuno in particolare.

– Se lo sa lui dove l'hanno ammazzato. E me l'hanno portato qua, questo bel regalo.

– L'avranno messo nel sacco per poterlo trasportare meglio – intervenne Tognin. E non potendo tenere oltre la curiosità: – ma perché quelle scarpe?

Il maresciallo Corbo non rispose. Il contadino invece volle essere gentile con il forestiero, macari se carrabinere.

– Questo voleva scappare – disse.

E per quanto ci fosse stato attento, non riuscì a tenere a controllo un involontario disprezzo nella voce.

Aveva appena scampato. Un'acqua settembrina, furiosa e rapida, che non aveva fatto in tempo a spremere il calore dalle case, anzi l'aveva reso più pesante e visibile nel vapore che usciva dai muri. Uscito dal cinema, Vito sentì che il mal di testa gli cominciava a passare.

Aveva sofferto assà, subito entrato, dentro lo squallido forno dove gli odori degli spettatori si raggrumavano, ma il film, per quanto scipìto gli fosse parso fin dalle prime immagini, aveva finito per alloppiarlo, e lui l'aveva sopportato con rassegnazione.

– Buonanotte, Vito.

Il saluto del dottor Scimeni, che aveva sottobraccio Carmela, la figlia ventenne, lo prese di sorpresa, e tardò a rispondere, scusandosi. Poi si avviò appresso ai due, incerto però se dirigersi verso casa o fare un salto da Masino, al caffè. All'angolo si fermò, ancora indeciso, e infilò la mano in sacchetta per cercarvi il pacchetto di sigarette. Non lo trovò. Doveva averlo scordato al cinema, ora ricordava che c'era stato un momento che aveva appoggiato il pacchetto sul posto allato al suo, vacante. Era inutile tornare indietro a cercarlo. A quest'ora, sicuramente c'era chi si stava a godere la grazia di Dio. Taliò l'orologio, la mezzanotte era da poco passata.

Non era molto tardi, considerata la stagione, ma per le strade, un deserto. Qualche segno di vita invece si indovinava sui balconi, dove c'era chi ancora se la pensava per trovare il coraggio necessario a baschiare tutta la notte dentro una càmmara.

Sboccò sul corso, sorpassando il dottor Scimeni e la figlia che si muoveva un poco di lato come un gambero, la gamba destra fatta storta dalla poliomielite, e si diresse verso l'insegna del caffè di Masino, ancora accesa.

– Senti, Vito.

Tornò sui suoi passi, il dottore aveva lasciato indietro Carmela e camminava verso di lui.

– Vorrei parlarti, domani, quando ti fa comodo.

– Quando fa comodo a lei.

Non si domandò di cosa il medico volesse parlargli, macari se la richiesta l'aveva tanticchia stupito. Non c'era mai stata confidenza fra di loro, le scarse volte che aveva avuto bisogno del dottore il discorso si era limitato alle strette necessarie parole. Inoltre la disgrazia capitata alla figlia aveva fatto più orso Scimeni, che era restato vedovo e non aveva voluto più rimaritarsi.

– Allora diciamo alle sei da me.
– Senz'altro. Buonanotte.

Il medico rimase fermo a taliàre Carmela che gli si avvicinava sostenendosi con una mano al muro.

– E io ti dico che sono tutti una maniàta di garrusi.

Masino, le mani in sacchetta, il fiammifero spento fra i denti, assittato di traverso sull'orlo del bigliardo, non alzò la voce nel dire quelle parole, ma fece tutto il possibile per caricare l'intento provocatorio.

– Qualcuno si salva – fece con prudenza Pasquale, ancora calato a seguire il percorso della sua palla.
– Nessuno.
– Manco mio fratello? – domandò Vasalicò, appoggiando la stecca sul panno del bigliardo.
– Tuo fratello dirige la musica – confermò calmissimo Masino.

Vasalicò si taliò attorno. Vito, che era entrato in quel momento, capì che non era il caso di intervenire. Come tante altre volte, la discussione fra Masino e Vasalicò, che aveva il fratello sindaco, si sarebbe conclusa in uno scontro a parole solamente.

– Niente c'è, andiamo, non c'è niente – disse Pasquale per mettere il buono. E poi, scaldandosi a freddo: – ma è possibile che ogni sera?!...

– Tocca a te – disse Masino a Vasalicò. E questi, non sapendo se quell'invito fosse a continuare la questione o il gioco, preferì ripigliare in mano la stecca.

– Quelli del comune dovrebbero tutti fare la fine del sindaco di Masàra – continuò Masino – che gli spararono nelle corna alle nove di sera. A quelli di Masàra, figurarsi!, che una porta sì e una porta no ci sta un parente in galera, aveva garantito, se gli davano il voto, che avrebbe fatto amnistiare i carzaràti. E quelli, fessi, gli credettero e gli dettero il voto. Poi, dopo qualche mese, quando si accorsero di avere fatto una solenne minchiata...

– La so meglio di te, io, la storia – l'interruppe Vasalicò.

– E allora, se la sai, dovresti dire a tuo fratello...

– Ma insomma, Cristo, la finiamo questa partita? – scattò Pasquale sdegnato.

Dell'intervento di Pasquale ne approfittò subito Vito.

– Dammi due pacchetti di Nazionali – disse a Masino.

Senza levare le mani d'in sacchetta, questi si mosse con comodo verso l'altra stanza, adibita a spaccio di sigarette. Ma prima di passarne la porta, si voltò a taliàre Vasalicò.

– Il male è che qua non siamo a Masàra.

Vasalicò fece finta di non avere sentito.

– Io non capisco – disse Vito mentre Masino alzava l'asse per entrare darrè il bancone – che piacere ci provi a sfottere così Vasalicò.

– Cazzi miei – disse Masino mettendogli davanti i due pacchetti.

– Va bene, ma un giorno o l'altro quello si risente...
– E che fa?
– Ci vediamo domani –. Vasalicò, dall'altra stanza, li stava salutando a voce alta, ma nessuno dei due rispose.

– Buonanotte – fece Pasquale affacciandosi alla porta.

– E che fa? – domandò di nuovo Masino come se non avesse sentito manco il saluto di Pasquale.

– Lasciamo perdere – disse Vito, e si mosse per seguire Pasquale che intanto aveva già raggiunto l'uscita.

– Se mi aspetti cinque minuti – fece Masino – chiudo e ti accompagno a casa. Così mi spieghi, strada facendo, che mi fa Vasalicò – continuò sorridendo.

– Scusami, ma domani matina mi devo alzare presto per andare in campagna. Tu, tra una cosa e l'altra, finisce che mi fai fare giorno.

– A momenti è l'una di notte – disse Corbo – e si suda come all'una di matino.

Stava appoggiato alla finestra, con le spalle voltate alla strada; il contadino era invece compostamente assistimàto davanti al tavolino e teneva gli occhi fissi sul ritratto di Saragat appizzato al muro. Tognin, che cominciava a risentire della stanchezza e dell'emozione – era il suo primo morto – era assittato a un tavolinetto sul quale posava un'antiquata Olivetti, di quelle con la base di legno. Ma non aveva niente da verbalizzare. Corbo la pigliava alla larga. Il contadino non si sentiva rassicurato da quel girare ranto ranto del maresciallo: dopo l'attesa, le nerbate degli sbirri, quando si decidevano, gli avrebbero fatto più male.

Si era fermato solamente pochi minuti nel caffè di Masino, ma era superchiato perché per il paese diventasse notte fonda. Lontano, alla fine del corso, intravide la sagoma di Pasquale che si allontanava a passi veloci. Di Vasalicò nessuna traccia. La maggior parte dei balconi era ancora aperta, e così sarebbe rimasta per tutta la notte, ma di gente che si godeva una boccata d'aria ne doveva essere restata poca.
Vito pigliò la strada che portava a casa sua. Stretta e poco illuminata, era incassata al principio fra la decrepita chiesa madre e il marmo del municipio di fascista memoria, quindi, dopo qualche decina di metri, si faceva ancora di più levare aria dalle mura prive d'intonaco delle vecchie case a due o tre piani, ognuna delle quali offriva, a livello dei passanti, la vista, l'odore e l'intimità formicolante dei catoj.
Da qualche anno il paese aveva principiato a svilupparsi verso la collina, dove erano cresciuti palazzi macari di dieci piani e per un po' si era sperato che quei nuovi appartamenti, concessi a un fitto relativamente basso, avrebbero persuaso gli abitanti dei catoj ad abbandonare le loro tane di una sola càmmara e la cui unica fonte d'aria era la porta di entrata, di necessità lasciata dunque sempre aperta. Ma non c'era imprenditore, seppure dotato di istinti filantropici, che avrebbe potuto abbassare i fitti tanto da raggiungere la sec-

ca di quelle tasche. E poi, ad ogni modo, sarebbe stato difficile persuaderli a perdere una promiscuità familiare che talvolta, in particolari frangenti, contava per loro come ragione e forza.

Stavano, in ogni catojo, famiglie intere che comprendevano membri di tre o quattro generazioni e macari alcuni parenti cosiddetti «stretti» che tali erano solo a causa dello spazio in cui erano costretti a muoversi. Ad ogni singola famiglia inoltre erano da aggiungere sempre un gatto, spesso una capra, con qualche frequenza un asino. Il boom economico, che alle loro orecchie era arrivato come il botto di una castagnola fatta scoppiare a un chilometro di distanza, aveva ancora ristretto la cubatura di parecchi catoj per lasciare spazio al televisore.

All'altezza dell'ultimo catojo a destra, prima di svoltare nella piazzetta sulla quale sorgeva la sua casa, Vito si sentì chiamare, come ogni sera, dal vecchio Mammarosa. Si accostò alla porta, sforzandosi di abituare la vista all'oscurità dell'interno. Mammarosa era assittato su di una sgangherata seggia di paglia, la sua camicia bianca – Vito sapeva che era immacolata, essendo sempre stata la pulizia prima una civetteria e quindi una vera necessità per quell'uomo – faceva una macchia nello scuro, e un'altra la facevano i suoi baffoni candidi, all'umberto.

– Che si diceva, stasera, al caffè?

– Ci sono stato picca. Ho pensato che era meglio andare al cinema.

– Che davano?

Mammarosa si alzò, si mosse sicuro verso Vito. Il tracoma gli aveva portato via la vista tempo a tempo, ed era stato forse quel lento distacco dalla luce, prima dello scuro definitivo sopravvenuto da qualche anno, a dargli ora un curioso modo di conoscere le distanze e le misure di ogni passo, di ogni gesto: pareva un cane, all'odore era capace di indovinare le persone da come le sentiva camminare.
– Niente. Un film di indiani.
– A colori?
– No.
Era una farfantarìa, la pellicola anzi luceva di colori pacchiani, ma Vito capì che il vecchio ci sarebbe restato male. Caruso, aveva giocato a lungo sulle sue ginocchia quando Mammarosa era l'eterno «giovane di magazzino» di suo padre. E così – se gli capitava di discorrerne – l'aveva continuato a chiamare, «u giuvani di me patri», anche quando, morto suo padre, serrato per sempre il magazzino di legnami, aveva visto di anno in anno Mammarosa imbiancare, intortarsi, diventare cieco. Per Mammarosa, d'altra parte, lui era sempre rimasto Vituzzo. Con la magarìa di quel lontano vezzeggiativo, il vecchio riusciva a scancellargli di botto la vicina pinguedine, l'avanzata calvizie, l'indebolito sguardo, e a restituirgli il corpo fresco dei suoi dieci anni. La mancanza della vista aveva finito poi col far nascere nel vecchio un nuovo sentimento: Vito avvertiva che da qualche tempo a questa parte il rispetto di Mammarosa si colorava di una paterna premura. Sicché era diventata per tutti e due una cerimonia scomoda,

e da sbrogliarsi di prescia, a ogni primo di mese, la consegna di quei pochi soldi di vitalizio che il padre di Vito, nel testamento, aveva assegnato al merito di una canina fedeltà.

– Ti serve niente?

– Niente, grazie. Statti bene – rispose Vito incamminandosi e domandandosi con un sorriso a che avrebbe potuto servire quel fantasma d'uomo se per caso ne avesse avuto bisogno.

– Dunque – disse Corbo – riassumiamo. Tu dici che non l'avevi mai visto prima.

– Nossignore, non l'avevo mai visto prima – e il contadino, per dare sangue alle parole che, chissà perché, appena le aveva dette gli erano parse malate d'anemia, si mise una mano tanticchia sopra lo stomaco, dove si vuole che abiti la coscienza.

– Prima di che?

– Prima di trovarlo morto.

– Si chiamava Mirabile Gaetano e faceva il pastore. Possibile che non vi siete mai incontrati?

– Mai.

– E già, perché qua siamo a Nuovaiorca, che ci sono dieci milioni di abitanti e uno non sa manco chi ci sta al piano di sotto.

Si avvicinò al contadino, amichevolmente mettendogli una mano sulla spalla.

– Tu, di quello, parlandone con il dovuto rispetto e da vivo, sapevi quanti peli aveva nel culo.

Gli diede due botte affettuose sul braccio, andò ad assittarsi dietro il tavolo.

– Vuol dire che staremo qua tutta la notte – disse.

Il contadino s'assistimò meglio sulla seggia. Lo sapeva, fin da prima di correre alla caserma, che quel morto sarebbe stata la sua rovina. Con la legge, per una ragione o per l'altra, erano sempre storie che non finivano mai.

Girato l'angolo, e apertasi davanti ai suoi occhi la piazzetta meno scarsa di luce, si accorse immediatamente di non avere lasciato chiuso il balcone della camera da letto. Vito si arrabbiò con se stesso: prima di pigliare sonno sarebbe stato costretto a dare battaglia alle zanzare, e c'era da dubitare sul vincitore. Macari il balcone allato al suo era spalancato: non poté fare a meno di vedere, perché cadeva nel suo raggio visivo, la signora Tripepi, la vedova del capostazione, assittata su di una poltrona saggiamente arretrata verso l'interno della càmmara, perché la gente non pensasse che soffriva di altri calori e che si metteva per questo in mostra.

Arrivato sotto il portone, Vito infilò una mano nella sacchetta per pigliare le chiavi. Alle sue spalle, uno sparo rimbombò come una cannonata e l'intonaco fra il portone e il balcone della vedova Tripepi si sbriciolò ricadendogli addosso in polvere. Con il cervello che gli si sgangherava in una rumorata di mare in tempesta, Vito si ritrovò con un ginocchio piegato a terra, nella posizione di chi sta pregando. E pregando stava per davvero, anche se la preghiera non era ancora arrivata a livello della coscienza. Da un pozzo abissale della memoria, infatti, stava cavando fuori, una per una, le parole dell'atto di dolore, imparato, con le prime malizie, alle domenicali cose di Dio: «mio Dio mi pento e mi dolgo di tutti i miei peccati...».

Fu a questo momento che il suono delle parole e il loro significato lo colpirono come se un'altra fucilata l'avesse pigliato fra le scapole. Si alzò di scatto, aprì freneticamente il portone, lo sbatté alle sue spalle.

Un secondo colpo sbriciolò ancora il muro, nello stesso preciso punto di prima.

Con la penna, il maresciallo Corbo non ci si era mai trovato: scrivere il rapporto, come adesso stava facendo, era sempre una faticata forte. Perciò fu lesto a saltare in piedi al primo colpo, al secondo aveva già il berretto in testa e il mitra a tracolla.

– Tu resta qua – disse a Tognin che per il soprassalto aveva fatto cadere la seggia sulla quale era assittato – e sveglia Carbone. Digli che sono andato dietro la chiesa vecchia. I colpi venivano di là.

Prima di uscire, guardò il contadino al quale quei due spari erano parsi due colpi di martello che l'inchiovavano alla sua croce.

– Tu lo sapevi che la festa di San Calogero quest'anno cominciava prima?

Il contadino non fiatò. La domanda priva di rispetto del maresciallo, il quale paragonava lo scoppio dei mortaretti che aprivano la festa a due colpi di lupara diretti certamente a un cristiano, l'aveva imbalsamato.

– Ragioniamo, santo Dio, ragioniamo.

C'era però poco assai da ragionare, non solo il cervello ma ogni muscolo del suo corpo si rifiutava di tornare nuovamente all'ordine naturale, gli pareva di essere una di quelle colonnine di mercurio che, rottosi il termometro, si dividono minutamente in tante sfere, ognuna dotata di una scomposta e fastidiosa vita propria. Alle scosse convulse che a tratti il suo corpo comunicava al letto, sentiva brividi di freddo assaltarlo, un sudore spesso gli accollava gli abiti alla pelle.

Salite le scale truppicàndo ad ogni gradino mentre un lamento continuo gli usciva pur avendo le labbra intappate, riuscito ad aprire – dopo un secolo – la porta d'entrata e sbarratala, Vito si era gettato a corpo morto sul letto, vestito com'era, non azzardandosi a chiudere le persiane nel timore di presentarsi da capo come bersaglio all'appostato. Anzi, messa una sigaretta in bocca senza manco rendersene conto, si era impietrito nel gesto di accendere un cerino, assegnando all'invisibile tiratore la capacità miracolosa di far percorrere alla pallottola la stessa complicata traiettoria di una palla di bigliardo.

La paura gli storceva la bocca; non ebbe perciò da cambiare espressione quando l'insostenibile pressione del terrore gli aprì la strada a una rabbia furiosa che gli fece lacrimiàre gli occhi, serrare i pugni.

– Figli di troia, luridi figli di troia – singhiozzò ammucciando la faccia nel cuscino.

Comprendeva nell'ingiuria lanciata al segreto nemico tutti i conoscenti, tutti i paesani che gli parve si affollassero attorno in un incubo di occhi, di facce, di mani: non una voce si era alzata a domandare, dopo gli spari, cosa fosse successo – e sì che, presi di sorpresa nel primo sonno, dovevano aver saltato tanto alto da impicciarsi al soffitto; non un passo aveva suonato nella piazza – e sì che ogni giorno si gettavano a pascersi, mosche sulla merda, dei fatti degli altri, fino a farsi scoppiare la pancia. Niente. Un silenzio, era proprio il caso di dirlo, di tomba. Lo cuoceva, assurdamente, assai più della morte che l'aveva sfiorato, questa indifferenza della gente che l'aveva in un attimo fatto estraneo, escluso dai rapporti umani. Poteva starsene ancora lì, davanti al portone, ad annegare nel suo sangue, a scongiurare macari il colpo di grazia, e nessuno si sarebbe cataminàto. Fino a matina, fino a quando lo spazzino o un carrettiere di passaggio avrebbero finto di tirare un grido di spavento, perché anche loro dovevano avere sentito i colpi, i figli di buttana.

– Ma che ho fatto, che ho fatto?

Fermo nella piazzetta, il maresciallo Corbo si taliàva attorno domandandosi per quale misterioso motivo macari i cani, in quella benedetta terra, dopo uno sparo notturno, invece di secondare il loro naturale istinto e mettersi ad abbaiare, si acquattassero per ore in silenzio, per ricomparire poi a luce fatta, in apparenza indifferenti come i cristiani. Lamenti, per quanto tendesse l'orecchio, non ne sentiva e le due o tre straduzze che dalla piazza si partivano le aveva attentamente perlustrate. I colpi, era un fatto, né lui né Tognin se li erano sognati: a giorno qualcosa avrebbe sicuramente spizzicato, i siciliani, che hanno fama di non parlare, in realtà parlano, a mezza voce, cifrati, ma parlano, basta saperli interpretare. Era inutile starsene lì.

Carbone sopraggiunse in quel momento, assonnato, abbottonandosi la giubba.

– Trovato niente, maresciallo? – domandò.

– No, torniamo in caserma.

Si mossero, Corbo e Carbone lo sapevano, seguiti dagli occhi di chi si era buttato, pancia a terra, sul balcone, a scrutare nella strada, mentre le fìmmine, dal letto, supplicavano a bassa voce di non esporsi, di non immischiarsi.

A un tratto Corbo si fermò e con un gesto intimò a Carbone di non muovere un passo. Davanti a loro un'ombra si muoveva cautamente, si avvicinava ranto ranto il muro. Immobile, Corbo aspettò che l'uomo arrivasse quasi a sbattergli contro.

– Che abbiamo, Mammarosa? – domandò.

Il cieco sussultò, ma riconobbe subito la voce.

– Niente. Non ho sonno, maresciallo – disse. Aveva il fiato grosso, come se avesse fatto una corsa, ma di fronte all'uomo che non vedeva cercava di mettersi rigido, quasi sull'attenti. Corbo provò pena.

– Tornate a casa, vi accompagniamo noi – disse prendendo il cieco sottobraccio. In silenzio, fecero la strada che portava al catojo del vecchio. Davanti alla porta, Mammarosa non poté più reggere.

– Maresciallo... – principiò.

Corbo, che appena l'aveva visto aveva sospettato il motivo per il quale Mammarosa si era messo alla ventura di notte, gli passò un braccio attorno alle spalle.

– Fatevi venire il sonno – disse – per questa notte non è successo niente.

– Il Signore ve lo rende – lo salutò Mammarosa entrando nel catojo.

Muti, fecero qualche passo.

– Curioso, però – sbottò tutt'insieme Carbone che era del paese e che da tre anni aveva a che fare con Corbo.

– Già.

– Che facciamo? Ci andiamo ora da don Vito?

– Lasciamolo dormire, se ci riesce – fece Corbo. E continuò: – domani matina avremo tutto il tempo.

Un giorno, al funerale di don Guido Incorvaja, ex podestà, ex sindaco, ex presidente degli uomini cattolici ed ex segretario politico, ma rimasto coerentemente ladro sino all'ultimo istante della sua esistenza, Vito aveva sentito tessere da un notabile del paese un elogio funebre che era tutto un inno alla specchiata onestà dello scomparso. Non uno dei presenti aveva trovato il coraggio necessario ad abbozzare un sorriso, molte teste si erano calate a seguire il disegno del basolato, una decina di dolenti, notoriamente legati al carro dell'Incorvaja, avevano gravemente assentito. Quando poi il corteo aveva ripreso la sua faticosa salita al camposanto – di un morto, in paese, si diceva «si l'acchianaru», se lo son portato su, intendendo in uno l'atto fisico del trasporto al cimitero situato sulla collina, e quello metafisico dell'assunzione al cielo o all'inferno che fosse – Vito, spinto anche dalle note della lenta marcia intonata dalla banda municipale in alta uniforme, si era perso dietro una sua curiosa fantasia. Aveva immaginato che una gigantesca operazione di polizia avesse portato a termine la schedatura di tutti gli abitanti del paese: per ognuno era stata redatta una scheda veritiera, sulla quale cioè erano segnate le colpe nascoste, i vizi segreti, i difetti negati, i pensieri muti. Si era allora domandato: «chissà cosa ci sarebbe scritto sulla mia». E, dopo una specie di veloce bilancio, aveva concluso: nulla. Era stato, allora, un gioco dell'orgoglio, un paragone fra sé e quel morto che già poche ore dopo il trapasso veniva descritto dalla fantasia popolare con le dita artigliate perfino sul rosario che la pietà e la consuetudine gli avevano arravogliato attorno alle mani.

Ma macari ora che i due colpi sparatigli contro l'obbligavano a un esame di coscienza da giudizio universale, Vito, nel ripensare convulsamente ai suoi anni recenti per scoprire di quale involontario sgarro si fosse macchiato, non riusciva a vedere altro che una compatta serie di parole e di atti leciti già per il fatto stesso di essere stati da lui concepiti.

Soprannominato dai compagni delle elementari «l'ùmmira», l'ombra, per una sua innata abilità di scomparire al primo leggero annuvolamento di rissa e di ricomparire non appena tornasse a splendere il sole della pace, era sempre riuscito in seguito a non prendere mai partito, in nessuna occasione.

Masino, impulsivo, coraggioso, che gli si dimostrava amico sincero, aveva da tempo rinunziato a fargli spremere una opinione che minimamente si discostasse da quella acclamata da tutti.

– Tu – gli diceva Masino – sei come il marinaro: sempre giri la vela a secondo del vento.

Ma neanche questo era vero, il giudizio di Masino presupponeva nell'amico una certa dose di opportunismo o comunque una scelta che Vito era lontano assai dal voler fare. Se avesse potuto, avrebbe dato ragione a tutti, ma siccome questo non era possibile, preferiva tirarsi sparte. Per paura di compromettersi, manco ai comizi – che erano sempre affollati più per noia, per passare il tempo, che per convinzione politica – usava mai assistere. Se ne andava, in questi casi, al cinema o a fare una solitaria passeggiata lungo il molo.

Anni addietro, durante una festa di San Calogero, il nero frate protettore del paese, adorato fino al fanatismo, Masino si era avvicinato, seguito da Vito, ad una bancarella sulla quale erano esposte alcune statuine in cartapesta del santo.

– Quanto costa un pupo? – aveva domandato al bancarellaro.

E quello, devoto fino alla sciarriatìna, avvertendo il disprezzo nel tono di Masino:

– Non è un pupo, è San Calogero.

E Masino, sornione e già pronto a farla finire a schifìo, avendo capito il tipo:

– Non volevo sapere quanto costa San Calogero, ma questo pupo qua.

– Amminchiò col pupo! Non è un pupo!

– No?

– No.

– Se non è un pupo, che minchia è?

– Glielo spieghi lei – aveva detto il bancarellaro tenendosi a forza e rivolgendosi a Vito.

Questi, che aveva notato il pericoloso lampo allegro negli occhi dell'amico, si era affrettato a trovare una soluzione salomonica.

– È un pupo – aveva sentenziato rivolto a Masino – ma è anche San Calogero – aveva concluso rivolto al bancarellaro.

Ecco: la vera felicità in terra sarebbe potuta consistere in questo, nella risposta giusta che lasciasse tutti soddisfatti. Ma purtroppo, spesso, non si trattava né di pupi né di San Calogeri. Sicché, con l'età e l'esperienza, era macari riuscito a cauterizzare i bollori di una immaginazione fertile, che in gioventù l'aveva inquietato: era quindi profondamente sicuro dei pensieri ai quali lasciava la libertà di prendere corpo. Quando proprio non ne poteva fare a meno, si rivolgeva alla fantasia altrui, alla fantasia di chi era autorizzato ad averla. Nella biblioteca del padre, fra l'immancabile *Beati*

Paoli e i vecchi numeri rilegati della «Scena illustrata», aveva trovato una vecchia copia dell'*Orlando furioso* coi disegni del Doré: quella lettura, cominciata svogliatamente, era diventata col tempo una precisa abitudine. Se qualche cosa gli era andata per traverso durante la giornata, e aveva dovuto inghiottire bocconi amari e gli veniva desiderio di fare cose come nell'Africa pigliata dai turchi, si sfogava e si consolava con la lettura della battaglia dei «tre contro tre»:

> Quando allo scontro vengono a trovarsi
> e in tronchi vola al ciel rotta ogni lancia
> del gran rumor fu visto il mar gonfiarsi...

oppure, quando lo gattigliavano altri pruriti che i rapidi incontri con Giovanna non riuscivano del tutto a calmare, c'era allora il rimedio di un certo episodio:

> Fra l'una e l'altra gamba di Fiammetta
> che supina giacea, diritto venne;
> e quando le fu a par, l'abbracciò stretta...

Non c'era proprio che fare. Per quanto tornasse indietro con la memoria a riconsiderare un fatto, un avvenimento stimato assolutamente innocuo a un primo esame, per quanto diversamente l'angolasse, mettendosi macari dalla parte di chi ne era stato compartecipe o soltanto testimonio, niente trovava. E la progressiva riconferma della sua innocenza invece di portargli qualche beneficio finiva per aumentargli il tribolo, l'angoscia: mano a mano che sfogliava lo scarso calendario dei suoi giorni, Vito sentiva come una colpa la mancanza di ogni colpa; quella mancanza era un ferro rovente che gli bruciava la carne.

– Anche tu, vai a dormire – fece Corbo al contadino. Questi restò assittato.
– A casa? – domandò. Ma si capiva dalla voce e dalla posizione che non aveva fiducia nella risposta.
– Bah – disse Corbo – coglioniamo?
– Io ho le carte pulite – ripigliò lamentosamente il contadino – non le ho macchiate, io.
– Questo lo so – rispose il maresciallo. – Non c'era ragione di aspettare tutta la notte per dirmi cose che so. Tu mi devi dire le cose che non so.
– E che indovino, la ventura?
– E vedi di indovinarla. Ma con comodo, quando ti viene a mente. Tanto qui da noi ti troverai bene. Portalo di là – aggiunse volto a Tognin. Carbone fece per seguirli. – Tu no – disse Corbo. – Ragioniamoci sopra, noi due, poi ci andiamo a fare queste tre ore di sonno.

Dopo qualche ora di tortura, con la gola secca come se avesse parlato per giorni, sentì bisogno di bere. Si alzò a fatica, le gambe di piombo, camminò curvo verso la cucina, la testa incassata fra le spalle in una istintiva protezione da qualche altra fucilata. Aprendo a tentoni la credenza per pigliare un bicchiere, avvertì distintamente nel silenzio, al di là della parete, un rumore leggero, come di sedia smossa. Incapace di controllarsi, fece un salto indietro. Poi capì che il rumore veniva dall'appartamento vicino al suo, quello abitato dalla vedova Tripepi: poiché la donna viveva sola, non poteva essere stato altri che lei. Andò al lavandino, aprì il rubinetto, lasciò scorrere un poco d'acqua per rinfrescarla, riempì il bicchiere. Mentre stava per portarlo alle labbra, gli nacque un pensiero. Bevendo lentamente cercò di dargli un ordine, una ragione logica. Per quanto poco riuscisse a ricordare di quei terribili attimi, di due cose era certo. Appena era sbucato sulla piazzetta, la vedova era ancora sul balconcino, visibile dalla strada macari se sistemata in una posizione arretrata. Il colpo inoltre era andato a finire fuori dalla cornice del portone, tutto in alto a destra, a metà strada fra il portone stesso e il balcone della Tripepi, tanto è vero che l'intonaco gli era caduto addosso. Macari il secondo colpo, quello sparato dopo che aveva chiuso il portone, aveva seguito la stessa strada del primo: così perlomeno gli era parso di capire dal colpo d'arrivo. Spari troppo alti, insomma, per poter affermare con sicurezza che erano diretti contro di lui. Come un cane assetato che sente montargli la rabbia e cerca una goccia d'acqua nella fanghiglia, Vito azzannò quell'idea.

Sapeva poco della vedova Tripepi. Da cinque anni, dopo la morte del marito, la donna si era trasferita nell'appartamento vicino, eppure Vito non le aveva mai rivolto la parola se non per un generico saluto ogni volta che la incontrava per le scale. Ancora giovane, ancora piacente, la vedova Tripepi faceva vita ritirata; ogni tanto veniva a tenerle compagnia una lontana parente. In paese, della vedova si discorreva poco: nessuno l'aveva mai chiacchierata e Masino o Vasalicò, le poche volte che il discorso cadeva su di lei, la risparmiavano dalle allusioni che sono il destino di tutte le vedove giovani.

Però, va a sapere le donne. Del resto, non era manco del paese, era arrivata una decina di anni prima da Palermo con il marito. Potevano essere storie vecchie.

«Domani matina» si disse «vado a parlarle».

Trovò così la forza di tornare in camera da letto, di spogliarsi, di cadere verso l'alba in un affannoso dormiveglia.

Nel caffè di Masino, appena aperto, stazionava ancora l'odore aspro delle sigarette fumate la sera prima, un odore che né quello delle briosce calde appena portate dal forno né quello dei caffè espresso riuscivano a intaccare. Il cavaliere Attard, mattiniero, sedeva in un angolo, più incazzato del solito, di fronte a una granita di limone nella quale intingeva un biscotto tarallo.

– Cose da pazzi! Come siamo ridotti! – E poi, un tono più alto: – ai tempi del fascio cose simili non sarebbero mai capitate! – e piantava gli occhi, a sfida, sugli uomini di mare e sugli spalloni, i meglio fra gli scaricatori di porto, che, ben conoscendolo, da un'orecchia se lo facevano entrare e dall'altra se lo facevano uscire.

Il cavaliere Attard era stato l'ultimo segretario politico del paese prima che entrassero gli americani: ventiquattro ore avanti lo sbarco, sotto un grandinare di colpi dal cielo e dal mare, uno più sperto di lui, con il biglietto per Roma già in sacchetta, gli aveva di prescia mollato le ambite consegne. Di conseguenza il sarto, che aveva fatto casa e bottega – come tutti, del resto – in un rifugio scavato nella marna, era dovuto stare tutto un giorno e tutta una notte in piedi per confezionargli la divisa.

– Guardate, cavaliere, che mi sembra lavoro sprecato – aveva azzardato il sarto nel mettere mano al filo.

– Gli ordini non si discutono – lo aveva fulminato il cavaliere.

Indossatala, era uscito dal rifugio giusto in tempo per pararsi di fronte a un soldato americano il quale, nel vederselo davanti nero come l'inca, aveva fatto spaventato un salto indietro, si vede che in America l'avevano male informato sulla pericolosità dei fascisti siciliani.

In un fiat il cavaliere si era visto circondato da altri soldati, stretto, bastoniato, spogliato – la sua divisa, come una reliquia, equamente distribuita a pezzetti fra i suoi assalitori – e, in mutande, costretto allato ai negri a scaricare casse dagli anfibi che al porto arrivavano in continuazione, in una babele di rumori e di voci.

Quando era tornato dalla prigionia, un gruppo di giovani era andato a prenderlo alla stazione per offrirgli la carica di segretario della sezione del MSI appena fondata, ma il cavaliere si era decisamente rifiutato: – Io resterò sempre fedele all'idea pura – aveva detto. E non c'era stato verso di persuaderlo a iscriversi ad un partito qualsiasi: – il cavaliere Attard non vota.

Vasalicò, entrando, capì subito che il cavaliere era in grande giornata.

– Ha dormito bene, cavaliere? – si informò con aria interessata.

– Dormo come vuole che dormo quel cornuto di suo fratello il sindaco.

– Perché, le diedero fastidio le zanzare? C'erano anche ai tempi del fascio, mi pare – disse calmo Vasalicò.

– Nossignore, non c'erano. Per sua norma e regola, il fascismo fece la guerra alle zanzare. E anche alle mosche! E magari alle anofeli!

– Va bene, ma siccome il fascio ha perso la guerra, si vede che le zanzare...

– Va bene un cazzo! Le zanzare non c'entrano! Le zanzare non sparano colpi a lupara in pieno paese!

Nel caffè si fece di colpo silenzio. Le facce di quelli che ascoltavano la disputa divertendosi, diventarono serie e vagamente distratte.

– Hanno sparato? – domandò sinceramente stupito Vasalicò. E poi, vista la piega che il discorso pigliava, si rivolse con un altro tono al cavaliere.

– Senta, bisogna che lei ci pensa due volte prima di parlare così. Che c'entra mio fratello? Si pulisca la bocca, avanti di parlare così di mio fratello, ha capito?

– Io parlo come mi pare! È lei che provoca! – Il cavaliere si era alzato, impugnando minacciosamente il mezzo tarallo.

– Lei me la suca! Pensi piuttosto a suo nipote!

Era un colpo basso e impietoso. La figlia del cavaliere, a un anno esatto dall'occupazione, aveva dato alla luce un bambino assai più scuro di pelle di quanto lo siano, abitualmente, i siciliani. Madre e figlio erano stati spediti, subito dopo il parto, da una sorella del cavaliere che abitava a Taranto, ma alla mammana non era parso vero di andare a contarlo in giro. Fattosi livido, da rosso che era, il cavaliere gettò cento lire sul tavolino e uscì, oramai incapace di spiccicare parola.

Vasalicò si avvicinò al bancone e taliò negli occhi Masino che gli porgeva una tazza di caffè. Muovendo appena le labbra, Masino rispose alla muta domanda:

– A Vito.

Per poco, dallo sbalordimento, a Vasalicò non cadde la tazza dalla mano.

– A Vito?!

L'insistente bussare alla porta svegliò lentamente Vito, il sonno piombigno che l'aveva atterrato poco dopo l'alba ci metteva tempo a sciogliersi.

«Cristo, ho fatto tardi» pensò appena fu cosciente, saltando dal letto e dirigendosi verso la porta per aprirla. Lo colse a tradimento il ricordo di quanto era successo la sera prima, facendogli per un attimo molli le ginocchia. Doveva aprire? D'altro canto non poteva chiudersi per sempre in casa, come un'altra parte di se stesso si era premurata di suggerirgli.

– Chi è? – domandò con una voce che sentì non sua.
– Sono io, Pinuzzo.

Aprì. Pinuzzo, il picciotto che per due uova al giorno e quindicimila lire al mese gli dava una mano nel pollaio, tremila galline che erano, oltre al suo unico guadagno, l'unico suo orgoglio, stava sulla soglia e lo taliàva interrogativo.

– Che fai lì? Entra.

– Non venite oggi in campagna?

– Entra – insisté Vito facendosi da parte. – No, non vengo oggi. Stanotte non ho dormito – e si morsicò le labbra per essersi lasciato scappare quelle parole: Pinuzzo non ci avrebbe perso tempo a riferirle a chi aveva gana di malignare.

– Vai tu. Qua ci sono le chiavi. Dai il mangiare alle galline e ritira le uova. Lasciale nel magazzino, più tardi passo io a ritirarle.

Farsi la barba lo fece faticare, si tagliò quattro volte.

Alle otto, quando il maresciallo Corbo si fece venire davanti il contadino, capì subito che a questi la notte aveva schiarito la mente. C'era dunque solo da terminare il cerimoniale iniziato con il pernottamento in camera di sicurezza, andare avanti con le minacce e le promesse perché il contadino si sentisse con la coscienza a posto nel momento in cui si decideva ad aprire bocca. Lo fece assittare, gli offrì il cappuccino e la sigaretta, gli disse che capiva come fosse scomodo – per chi non c'era abituato, naturalmente – dormire sul tavolaccio. Si sentì in dovere di precisargli che lui non era il maresciallo Cangemi, quello del nucleo speciale di Masàra – i cui sistemi per ridare la parola ai sordomuti spaziavano in dimensioni da leggenda – ma che, a gentile richiesta, poteva benissimo diventare come e peggio di Cangemi. Passò poi a ricordargli il figlio di otto anni, la moglie Carmelina e l'asino abbandonati soli in campagna, perché, continuando di questo passo, di tornare a casa se lo poteva scordare. Prospettando l'inevitabile svendita del campicello al rapace vicino, elencò abilmente malannate, malattia e fame. Quindi, al punto giusto di cottura, si alzò di scatto, balzò con un urlo sull'annichilito contadino e lo scosse brutalmente.

Il contadino, una volta preso fiato, non si fermò più. Da tre giorni – disse – viveva nello spavento e nel rimorso perché lui, Argento Salvatore, aveva sempre avuto le mani pulite, mai aveva voluto immischiarsi, aveva sempre steso il piede fino a che teneva il lenzuolo, e ora gli infami lo avevano obbligato a cose che mai si era sognato di fare.

Procedendo con ordine: tre giorni avanti, uscendo di primo matino per fare il solito giro dell'orto, aveva visto nel viottolo il morto ancora fresco.

– Come fresco?

Fresco nel senso che si vedeva che era stato ammazzato al massimo la notte precedente, però era quasi precisamente come il maresciallo lo aveva visto, il sacco, le scarpe e tutto.

– Lo conoscevi?
– Di vista.
– Avevi parlato qualche volta con lui?
– Buongiorno e buonasera.

– Perché quando l'hai trovato non sei venuto a dircelo subito?

E qui si entrava nel difficile. Sulla camicia il morto aveva appuntato – con una spilla da balia, precisò, tanto a questo punto più ossa metteva e più brodo faceva – un biglietto con il quale si ordinava, ai passanti eventuali, di non denunziare il ritrovamento prima dello scadere di tre giorni.

– Se non sai leggere, come hai fatto a sapere quello che c'era scritto?

– Mi sono fatto aiutare.

– Da chi?

– Da mio figlio.

– Quello di otto anni?

– Sissignore. È intelligente. Va alla seconda.

Dunque, fattosi leggere il biglietto e raccomandato il silenzio alla moglie e al figlio, aveva deciso di non dire niente a nessuno.

– E dov'è il biglietto, ora?

Legato a una pietra, da tre giorni a marcire in fondo a un pozzo.

– Era scritto a penna o a matita?

– A penna.

– Con quali caratteri? A stampatello?

Spiegatagli la domanda, il contadino rispose che gli pareva scritto come scrivono sui giornali. A stampatello, perciò. Presa la decisione di non parlare, si era premurato di coprire il morto con alcune fascine.

– Avevi paura che qualcuno meno sperto di te, accorgendosi del morto, fosse venuto a dircelo?

Nossignore, non era questa la ragione. La ragione era un'altra, che non gli pareva cosa di cristiano.
– Ma cosa?
Di lasciarlo là, ai quattro venti.
– Perché?
– Non volevo che se lo mangiassero i cani.
Allo scadere dei tre giorni, aveva levato le fascine e si era precipitato in caserma. Questo era tutto.

– Apra, signora, in nome di Dio, apra.
– No, non apro, vada via.
– Non vado via se lei non mi apre.
– Mi lasci in pace, mi lasci in pace, che vuole da me?
– Parlarle.
– No, non apro.
Il dialogo si svolgeva soffocato, Vito sul pianerottolo, la vedova Tripepi al di là della porta e più passavano i minuti e più Vito si sentiva pigliare da una specie di rabbia impotente, la stessa che aveva a volte sentito contro la pesante testardaggine di un mulo, di una capra.

«Brutta bestia schifosa» pensò «se non mi apri butto giù la porta e ti scasso la schiena a pedate».

E proprio in quel momento, nel pieno dell'ira che gli avrebbe sicuramente fatto commettere qualche fesseria, gli venne l'ispirazione. Cercò di calmarsi, di trattenere il fiato per trovare un tono meno ansioso e pressante.

– Signora – disse a bassa voce, le labbra incollate al legno – se passa qualcuno del piano di sopra, che potrà pensare a vedermi così?

Si rese conto immediatamente di avere mirato giusto, avvertendo quasi materialmente, oltre la porta chiusa, il dubbio infiltrarsi, cominciare a lesionare quel muro di ostinazione.

– Faccia presto – soffiò – sento dei passi.

La porta si aprì quel tanto che lo consentiva la catenella e, nello spiraglio, Vito vide il volto disfatto della vedova, il segno della compassione negli occhi, le labbra bianche e tirate.

Racconta una leggenda che due siciliani, accusati in un paese straniero di non si sa quale reato, fossero stati messi in celle separate perché fra loro non comunicassero prima dell'interrogatorio. Portati l'indomani davanti al re straniero, si erano rapidamente scambiata una talià ta. – Maestà! – aveva allora gridato una guardia, siciliano anch'esso – oramai è tutto inutile. Parlarono!

– Che cosa vuole? – domandò la vedova.

– Niente – rispose Vito – mi scusi.

Le voltò le spalle e pigliò a scendere le scale.

– Delitto di mafia? Vogliamo scherzare? Il nostro è sempre stato un paese babbo, un paese stupido, qui gli omicidi, in dieci anni, si contano sulle dita di una mano sola, e sempre si è trattato di qualche cornuto risentito, di interessi, di qualche ubriaco di cervello caldo. Ma tutti fatti privati, personali.

– Però la bomba che una settimana fa hanno messo nel garage dei fratelli Sciortino...

– Quella, egregio amico, non conta. Allora dovrem-

mo mettere nel mazzo anche la Mercedes di Liverna che saltò un mese fa?
- Io ce la metterei.
- E sbaglia. Perché tanto i fratelli Sciortino che Giosuè Liverna sono di Comisini, non sono di qua. Queste sì, che sono storie di mafia!
- E allora?
- Ora vengo e mi spiego. Si tratta di mafia importata, come dire, di passaggio, venuta da noi a controllare l'impiego della manodopera al nuovo cementificio, manodopera che, lei mi insegna, è tutta di Comisini, Villagrande e Taro. Ricorda lei quel film, come si chiamava, *Fronte del porto*?
- Bella pellicola.
- Ecco, qualche cosa di simile. Questioni loro, dunque. Guardi, la bomba di cui lei parlava, è vero o no che ha fatto in paese meno rumore dei colpi di stanotte?
- È vero.
- E sa perché? Perché la bomba e la Mercedes sono fatti successi nel quartiere di quelli di Comisini, che vogliono abitare l'uno vicino all'altro come capre e hanno fatto un paese dentro il paese. Si scornano fra di loro, si sparano, si mettono bombe, ma noi che c'entriamo?
- La sfumatura la vuole bassa?
- Bassa. Semmai c'entriamo per il fatto che queste cose succedono nel nostro paese e si potevano evitare. Io glielo dissi al sindaco che la nuova centrale elettrica, la Montecatini e il cementificio non avrebbero portato nessun beneficio al nostro paese. Anzi.

– Chi lascia la via vecchia per la nuova...
– Sacrosanto.
– E il sindaco?
– Rispose che non poteva farci niente, che erano cose della Regione.
– Mangia tu che mangio io!
– Appunto. E in conclusione i nostri giovani continuano ad andarsene chi in America e chi in Germania e qui arrivano questi operai del Nord o gente dell'interno con la quale è meglio impastare il pane a parte. Qua finisce come Tatuzzo Aurora che quando scoprì che sua moglie ficcava con un altro se ne uscì a dire che le corna sono progresso.
– Ma quel morto che ieri hanno trovato dentro un sacco...
– Quello un cementificio non sapeva nemmeno dove stava di casa. Era un pastore di Raccusa che qualche volta capitava da queste parti, l'avranno ammazzato se la fotte lui dove per qualche storia di pecore e l'avranno portato qua per far rompere le corna a Corbo.
– E i colpi sparati stanotte a don Vito?
– Ma che ci accucchia il morto ammazzato con i due colpi tirati a Vito?
– Beh, tanto per parlare, potrebbe esserci macari una filama...
– Allora, se dobbiamo aprire la bocca solo per fare vento, è un altro discorso. Ma se dobbiamo ragionare seriamente, ragioniamo, Cristo di Dio! Guardi, con questo stesso rasoio che ha in mano, se non è vero quello che dico io, lei mi può tagliare le palle. Non lo sa

com'è fatto Vito? Se uno gli passa vicino e gli molla, salvando la faccia di chi mi sente, un peto, quello è capace che sviene.

– Questo lo so.

– E allora?! Si vede che qualche figlio di buttana avrà voluto fargli pigliare uno spavento. Ragazzate, amico mio. Fra due giorni si viene a sapere che era uno scherzo, una babbiata, e finisce a schiticchio nella taverna di Catena, una gran mangiata con i soldi di Vito.

– La barba la facciamo?

– E facciamola.

Uscire dal portone e impedirsi di taliàre in alto verso l'intonaco sbriciolato, muovere i primi passi nella violenta luce del sole che, più che denudarlo, gli parse offrisse agli occhi dei paesani la trama interna delle sue nervature aggruppate da nodi di terrore e il sangue diventato acqua dopo la rivelazione che la vedova Tripepi non aveva per niente il carbone bagnato, imporsi di essere come tutti gli altri giorni, non più preoccupato e non più sereno che d'abitudine. Sudava, ma c'era l'estate che prima di andarsene sparava malignamente l'ultima sua ferocia a fornirgli un alibi, a fare naturale il fazzoletto che aveva cavato dalla sacchetta e che di tanto in tanto portava alla fronte.

La litania dei saluti mattutini ai conoscenti e agli amici, graduati nelle espressioni secondo un rigido ordine gerarchico di affetto, affabilità, rispetto e usanza, si sgranava come al solito:

– Come andiamo Filì.
– Salutiamo, Totò.
– Baciolemani, don Vicè.
– Buongiorno, Pepè.

Ma quest'intrecciarsi di voci che in altri giorni era la viva espressione di quell'andare d'amore e d'accordo con tutti, e che lo confortava come il sole conforta un gatto, aveva questa volta un suono falso. Vito sorprendeva – o gli pareva di sorprendere – un gesto a mezz'aria, una talìàta obliqua, una parola interrotta, un atteggiamento sospeso, che quel saluto cambiavano in qualcosa di sinistro e di pietoso assieme, come di chi finge, al capezzale di un malato inguaribile che ignora la gravità del suo stato, naturalezza e allegria. Oramai era segnato, senza scampo, e il contegno dei paesani nei suoi riguardi dava un preciso indirizzo ai due colpi sparati, ne correggeva la traiettoria che lui aveva invano tentato di deviare, implacabilmente levandogli speranza e illusione gliela faceva convergere in un punto preciso fra la nuca e le spalle.

Appoggiato allo stipite della porta del catojo, Vito si accorse di Mammarosa che stava lì sicuramente ad aspettare lui e con fastidio si rese conto che alla prova delle sue domande non avrebbe potuto reggere, mostrare indifferenza. Scansò sulla destra, sperando che il suono dei suoi passi si confondesse con gli altri rumori della strada, per un po' rispose ai saluti con un gesto della mano accompagnato da un vago, indistinto mormorio, e si trovò rapidamente fuori dalla portata del cieco. Ma al momentaneo sollievo successe uno stupore sconcertato, simile a quello che può provare una natura negata alla violenza quando straordinari casi l'obbligano a comportarsi in modo totalmente opposto e dopo si domanda a quale sconosciuta parte di sé abbia obbedito: così Vito si meravigliò di trovare la forza per fare quello che stava facendo, violare l'intimità della vedova Tripepi, ignorare la pena di Mammarosa, mostrarsi a tutti, entrare – all'apparenza tranquillo – nel caffè.

Sentì nel parlare dei clienti un rapido calo di tono e ne ricevette come una scossa, ma si avvicinò lo stesso al bancone.

– Dammi una cosa fresca – disse a Masino.
– Non vuoi un caffè?
– No, ho la bocca secca.

Masino gli versò un'aranciata.

– Come mai non sei andato oggi in campagna?
– Avevo da fare in paese. Ci ho mandato Pinuzzo.

Masino si allontanò per preparare altri espressi, ma prima che Vito avesse finito di bere gli si avvicinò di nuovo.

– Stamattina hanno pigliato pesce buono – disse. – Ho comprato un chilo di triglie che erano una meraviglia. Se passi, all'una, ce le andiamo a mangiare da Catena.

– All'una – acconsentì Vito e uscì senza sapere dove andare.

L'uomo vestito di nero, scarpe gialle e cravatta rossa, assittato con una gamba stesa su un'altra sedia, ad un tavolino del «Caffè del porto», l'ultimo del corso, il più vicino al mare, taliàva distrattamente il lavoro di quelli che alzavano gli archi di legno costellati di lampadine – le luminarie per i prossimi festeggiamenti – legandoli da un balcone all'altro della strada, pigramente l'occhio indugiava sulle bancarelle di *càlia e simenza* – semi di melone e ceci abbrustoliti – sul variopinto *gelato di campagna* – un impasto di zucchero colorato e di pistacchio – sulle cataste del duro torrone di mandorle detto *cubàita*. Ad un certo momento quello sguardo svagato, filtrato attraverso le ciglia socchiuse, intercettò Vito che di prescia, con l'aria di chi ha una cosa urgente da sbrogliare, andava verso il porto, lo seguì, non lo lasciò finché quello non ebbe svoltato, solo allora l'uomo si scosse dalla completa immobilità in cui era sprofondato – come di un cane di punta che sente la selvaggina – per lisciarsi i baffi sottili, curatissimi.

– Sai che ti dico? Io ci torno stasera – disse.

L'altro che gli stava assittato allato, tozzo, coppola tutta inclinata sulla fronte, camicia sbottonata sopra un paio di calzoni sbrindellati, si limitò a fare una smorfia.

– Perché? – domandò l'uomo in nero.

– Proprio stasera non mi convince.

– E quando mai ti devi convincere tu, Giovannino? – e c'era nella domanda un divertito disprezzo che l'altro preferì non notare.

– Non mi convince. È troppo presto. Facciamo la fine del sorcio.

– E il gatto sarebbe Corbo? – domandò con un sorriso l'uomo in nero, dando al disprezzo una passata di superiore ironia.

– I patti però non erano questi – ripigliò dopo una pausa Giovannino, quello con la coppola.

– Ci piscio in culo ai patti. Io ho sempre fatto di testa mia.

Un povero, che domandava l'elemosina con una specie di belato, si era avvicinato al tavolo dei due. L'uomo in nero, quando lo vide, fece un gesto di noia.

– L'ho già fatta prima – disse.

Il mendicante si allontanò. Come nel gioco dei colori, che uno alla finestra pone attenzione a un colore qualsiasi e subito la strada rigurgita di oggetti, vestiti, macchine di quella stessa tinta, l'uomo di colpo notò che il corso era pieno di poveri, di storpi, di madri derelitte con figli in braccio o attaccati alla gonna, e tutti chiedevano carità con modulate lamentazioni. Una sorta di vivente e palpitante corte dei miracoli, ma l'uomo, che non aveva disposizione ai riferimenti culturali, ne provò un senso di fastidio, di inquietudine.

– E che c'è, adunata? – fece a quello con la coppola.

– È per la festa – rispose Giovannino – vengono tutti qua per la festa.

– Ma che festa è?

– Poi te la spiego – disse Giovannino.

Quello vestito di nero si alzò, si stiracchiò con soddisfazione.

– Se sto un altro giorno in questo minchia di paese esco pazzo – disse. E aggiunse: – andiamocene a fare due passi.

Prese a camminare, zoppicando, senza aspettare il compagno.

– Salutiamo la bellezza di don Vito – fece cordiale Corbo a voce alta, ancora a trenta metri di distanza.
Che il maresciallo Corbo avesse la ferma intenzione di attaccare bottone Vito se ne rese conto dal modo tranquillo con il quale quello gli si avvicinava, un piede leva e l'altro metti, ma non c'era niente da fare, era imbottigliato proprio sulla punta estrema del molo di levante, sotto il faro, l'unica era buttarsi a mare, come per una frazione di secondo, in preda a una convulsa agitazione, aveva pensato di fare. Stava là da due ore, a ripensare alle sue cose, a rivoltare di dritto e di rovescio, con accanimento, frasi, gesti, occhiate e ogni volta il risultato negativo gli impiombava il cuore di nera pece: ora ci voleva proprio Corbo a mettere il carico da undici. «All'annegato, pietre addosso» pensò, compatendosi. Il posto era solitario, su di uno scoglio poco distante un anziano pescatore di lenza si era appisolato; il traffico del porto, che si svolgeva tutto sulla banchina del molo centrale, arrivava come un attutito ronzìo.
– Disturbo? – si informò Corbo.
– Per carità! – mentì Vito.
Pesantemente Corbo gli si sedette allato, si levò il berretto posandolo sopra un ginocchio, si asciugò con l'avambraccio il sudore che gli faceva una brillante corona sulla fronte.

– Mi crede? – disse. – Neanche un bagno che sia un bagno sono riuscito a fare in questa stagione. Il mare è una gran cosa – concluse.

Restarono per un po' in silenzio, poi Corbo si rimise il berretto in testa, quasi volesse indicare con quel gesto il ritorno all'ufficialità.

– Caro don Vito – attaccò – non ha niente da dirmi?
– Di che? – domandò innocentemente Vito mentre sentiva che il cuore gli cadeva nelle scarpe.

Corbo si chinò, raccolse una manciata di perciale, cominciò una sorta di metodico tirassegno contro una buccia di melone d'acqua che galleggiava vicino agli scogli.

– Vede – disse – stanotte, quando hanno sparato – si interruppe per domandare: – lo sa che dalle parti sue stanotte hanno sparato?

– Ho sentito i colpi.

– Bene – ripigliò Corbo – quando hanno sparato sono uscito di corsa, stavo interrogando un contadino, ma non ho trovato niente. Mentre me ne stavo tornando in caserma, mettendomi il cuore in pace che anche questa volta per me era stata nottata persa e figlia fimmina, ho incontrato Mammarosa che pareva un'anima in pena. Ero con Carbone, e macari lui ha pensato la stessa cosa. Carbone voleva che venissimo subito a trovarla, ma io gli ho detto di no.

Fece una pausa. Vito capì che toccava a lui parlare e fece un'aria dubitativa.

– Mi scusi – disse – mi pare di non aver capito bene. Se ho inteso giusto, lei e Carbone questa notte avevate intenzione di venire a casa mia?

– Ha inteso giusto – fece asciutto Corbo, e continuò: – Se l'avessimo preso ancora a caldo, con il sangue grosso, non crede, caro don Vito, che avrebbe avuto qualche cosa da dire a me e al mio collega? Da amico, stanotte, le ho voluto usare una cortesia; stamatina mi aspettavo una sua visita in caserma ma lei non si è fatto vedere. Allora mi sono deciso a venirla a trovare io. Ed eccomi qua.

Altra pausa. E dato che Vito non parlava, ancora atteggiando la faccia a stupore, pazientemente Corbo ricominciò:

– Appena ho visto Mammarosa...

– E lei sta a sentire quello che dice un orbo rincoglionito? – l'interruppe Vito.

– Non gli faccia un torto, a quel povero vecchio – lo rimproverò piano Corbo.

E mentre Vito si sentiva avvampare da una fitta di vergogna, ringraziando Dio che il maresciallo non stava a taliàrlo, occupato com'era col suo tirassegno, questi continuò:

– D'altra parte Mammarosa manco ha aperto bocca.

– E allora chi gli fa credere che...

– Adesso non faccia un torto a me. La gente parla macari quando non dovrebbe, si figuri se uno si intesta a mettere olio alla ruota: i fatti che vuole sapere va a finire che si annegano in un mare di supposizioni, ipotesi, dicerie, pettegolezzi... meglio lasciar perdere, egregio amico, una cloaca, un pozzo nero.

– E cosa vuole che dicano di me, questi che parlano tanto?

– Niente, caro don Vito, proprio niente. E questo è il busillis. Si meravigliano che sulla faccia della terra ci possa essere qualcuno così disonorato che desidera vederlo morto.

A quella parola, brutalmente detta, Vito ebbe un sobbalzo, proprio a vista del maresciallo che in quel momento gli aveva piantato gli occhi sopra.

«Cornuto! L'ha fatto apposta!» pensò in un lampo, mentre con sorpresa sentiva la sua voce tranquilla domandare: – e lei ci crede?

– A cosa?

– Che qualcuno mi voglia come dice lei, morto.

Corbo cavò con studiata lentezza un pacchetto di sigarette, ne offrì a Vito che rifiutò – aveva un desiderio arrabbiato di fumare, ma non era sicuro delle sue mani, si spaventava che gli tremassero – aspettò a tirare la prima boccata avanti di rispondere.

– Ora come ora, penso che stiano giocando con lei come il gatto col sorcio.

«Anche tu» amaramente rifletté Vito «che ti dici amico e con il pacchetto, la sigaretta, il cerino, il cazzo che ti fotte, non perdi un momento di fare lo sbirro».

– Mi spiego – ripigliò il maresciallo – lei ha qualche dubbio che se veramente avessero voluto impallinarlo non l'avrebbero potuto fare tranquillamente al primo colpo? E ammettendo che il primo l'avessero sbagliato per una ragione qualunque, che so, un passo, una voce, una luce, lei pensa che gli avrebbero dato tutto il tempo che gli hanno dato prima di tirare il secondo? E sbagliare macari questo?

– Scusi – l'interruppe Vito – io le avevo fatto una domanda e lei, a forza di *gli*, *lo*, *la*, mi ha fatto perdere il filo del discorso. Sta parlando di me?

– E che stavano, a giocare a guardie e ladri? – si accalorò Corbo fingendo di non rilevare l'interruzione. – Si lasci pregare – disse a un cenno di Vito che nuovamente voleva interromperlo – ho una certa pratica di queste cose, quella è gente d'esperienza, che lo fa per mestiere.

– Ma che gente? Di quale gente parla? – protestò debolmente Vito al quale le argomentazioni del maresciallo spalancavano burroni di nuova angoscia.

– Me lo dica lei – disse dolce Corbo.

– Ma io parlavo in generale!

– Pure io. E sempre parlando in generale, le dico che quelli hanno voluto dare una specie di avviso, di segnale: «attento, amico, a come fiati!».

– Va bene – disse Vito – lei può avere ragione, non discuto, ma perché proprio a me viene a farlo questo discorso?

– Ho capito. Lei si è messo in testa di fare l'uomo. Ma per queste cose, amico mio, ci vogliono quattro dita di pelo sullo stomaco e la sua coscienza invece dovrebbe...

– La coscienza ce l'ha il lupo – fece sgarbatamente Vito, pentendosi subito di quel proverbio che poteva suonare una mezza ammissione.

– E lei lupo non è – ribatté pronto Corbo. – Guardi, a me può anche stare bene, dato che la pelle è sua. Tutto il danno che ne viene a me è, al massimo, di scrivere un verbale. Perché le posso garantire, come se fossi io personalmente a tenere il dito sul grilletto, che il terzo colpo, quando ci sarà, ripagherà quei signori della spesa a vuoto dei primi due.

Con un povero sorriso sulle labbra tirate, Vito tentò di girare la cosa a scherzo.

– A me viene da ridere – disse – se considero che lei sta perdendo la giornata macari dietro a una fesseria, a una giocata fra amici.

– Potrebbe macari essere – disse serio Corbo – e io per lei ne sarei contento, di aver perduto la giornata. Solo che io non ci credo. Lei è uomo considerato, di una certa età, non si mette con fìmmine e picciottazzi e non è manco persona di compagnia. E allora, se ho ragione io, lei ora si sta facendo la stessa risata di zio Manuele quando perdette il caicco.

Si riferiva a una storia di paese diventata leggendaria, quella di un pescatore, zio Manuele appunto, il quale, una notte di burrasca, essendosi accorto che una barca si era sciolta dall'ormeggio e veniva portata al largo dalla corrente, si era messo sgangheratamente a ridere, rappresentandosi la faccia, l'indomani, dell'ignaro proprietario: solo quando per la barca non c'era più niente da fare, ché era andata a fondo presa dalle ondate, zio Manuele aveva finalmente capito che si trattava del suo legno, nello scuro non riconosciuto.

– Io devo tornare in paese – disse bruscamente Vito – la saluto.

– Aspetti un momento. È meglio che vada prima io e lei si faccia vedere in piazza più tardi. Altrimenti possono pensare che lei mi ha parlato – sorrise e aggiunse – sono venuto qua apposta per non dare nell'occhio.

– Non c'era bisogno – disse Vito.

– Meglio così – fece Corbo e si alzò, taliàndo l'acqua con aria rammaricata: – certo che qui si stava bene.

Sospirando, cominciò ad aggiustarsi la giubba.

– Mi perdoni ancora una domanda – disse – lei conosceva un certo Mirabile Gaetano?

– Il pastore? – domandò Vito guardandolo da sotto in su.

– Sì.

– Sì – fece eco Vito.

– Lo conosceva bene?

– Oh Dio, bene proprio non direi...

– Così così?

– L'ho incontrato qualche volta, nella trazzera, e una o due volte abbiamo scangiato qualche parola di passaggio.

– Su che?

– E come faccio a ricordarmene?

– Ci provi.

– Mah, cose senza importanza, l'annata, il prezzo delle uova, quello del frumento, cose così.

– Lo sapeva che è stato ammazzato?

– Sì, l'ho sentito dire ieri sera in paese, mentre me ne stavo andando al cinema – rispose Vito domandandosi dove quello volesse andare a parare.

– E non pensa che possa esserci un rapporto?

– Con che?

– Con i due colpi di stanotte.

– Ma lei è pazzo! – insorse Vito saltando in piedi e

sentendosi di colpo aggelare, sia per le parole del maresciallo sia perché aveva capito che nello sfondapiedi lui c'era caduto in pieno: il suo grido e il suo salto erano peggio di una confessione.

– Tutto è possibile – sorrise Corbo allontanandosi.

Da un quarto d'ora il forestiero stava armando un casino del diavolo. Fermata la Millecento targata TO davanti al caffè di Masino, ne era sceso per bere una bibita e al ritorno si era messo a fare come una Maria, sostenendo che qualcuno di quella brevissima assenza ne aveva approfittato per fottergli para para dall'automobile una costosa attrezzatura fotografica. Piccolo, tondo tondo, con gli occhiali montati in oro, quattro capelli biondicci a riporto e uno spiccato accento settentrionale, si disperava: – Più di un milione! Dio mio! Più di un milione mi è costata!

– Cerchi bene – gli suggeriva intanto uno con la faccia innocente e compassionevole.

– Macari l'ha messa nel bagagliaio e gli è passato di mente – interveniva un altro.

– Vuol vedere che se l'è scordata in albergo? – sosteneva un terzo.

Un siciliano già da tempo quella scena l'avrebbe conclusa malamente, avvertendo sotto la sollecitudine e lo slancio dei commiseranti tutto un babbìo, uno sfuggente gioco di dileggio e di ironia, ma il torinese si limitava a dire che era sicuro di essersela portata appresso, di non averla messa nel portabagagli.

– Perché non prova a vedere se è per caso caduta sotto la macchina? – azzardò Vasalicò un poco timoroso, forse a quell'ipotesi assurda il forestiero era capace che capiva la presa per il culo. Ma quello accennò a chinarsi, e premurosamente gli fecero largo. Il torinese si stese a pancia sotto, si sporcò debitamente mani e vestito, si rialzò deluso: i presenti scossero con aria desolata la testa.

Il cavaliere Attard, che si trovava a passare e che aveva capito l'antifona, piombò in mezzo alla gente, si infilò rabbioso a gomitate, si presentò battendo i tacchi.

– Sono il cavaliere Attard.

– Piacere – disse l'altro tendendo la mano e dicendo un nome che non si capì. Il cavaliere la strinse vigorosamente.

– Che è successo? – si informò.

– Questo signore qua – fece compunto Vasalicò – ha perso una macchina fotografica.

– Veramente – disse timido il signore – non sono tanto sicuro di averla smarrita, credo proprio mi sia stata rubata.

– Ah! Ah! Attenzione alle parole! – lo ammonì Vasalicò.

Il cavaliere lo fulminò con un'occhiata.

– Venga con me – intimò al forestiero – l'accompagno dai carabinieri. Deve fare la denuncia.

Quello sembrò esitare, si guardò attorno incontrando però solo facce espressive come lampadine.

– Lo reputa opportuno? – domandò un poco smarrito.

– Opportunissimo.

– Sa, io per parte mia sarei anche disposto a dare una lauta mancia...

– Niente mance. E che siamo, beduini? – si impennò il cavaliere.

– Forse il signore ha ragione – intervenne a questo punto Vasalicò e tutti assentirono gravemente, temendo che, se quello si lasciava convincere e andava dai carabinieri, finiva lo spasso.

– Popolo becco – disse fra i denti il cavaliere aprendo d'autorità lo sportello e assittandosi allato al posto di guida. Al forestiero non restò che seguirlo e avviare il motore.

– Dove andiamo?

– Sempre dritto, è a due passi.

Arrivato di fronte alla caserma, chiusa questa volta accuratamente la macchina e ringraziato con calore il cavaliere, il forestiero si avviò a fare la denuncia, ma si vedeva che non era persuaso.

Corbo lo ricevette in maniche di camicia, era tornato da poco dal molo e subito Tognin l'aveva avvisato che c'era uno di Torino che strepitava per il furto di una macchina fotografica. Prima di riceverlo, però, si era passato il piacere di farlo aspettare, un polentone, figurati, che per una stronzata così faceva un bordello.

– Si accomodi, ho poco tempo – esordì brusco. – Mi racconti che cosa le è successo.

– A me nulla – rispose l'altro – ma ho dovuto metter su questa manfrina, capirà...

– No – disse Corbo imbruttendo. – Non capisco.

– Sono Bartolini, della Finanza.

– Mi scusi tanto – fece confuso Corbo correndo all'attaccapanni per prendere la giubba – stamattina dalla Tenenza mi avevano detto del suo arrivo ma non pensavo...

– Voglio sapere tutto su quel morto, quel Mirabile – tagliò Bartolini.

«Ahi!» pensò Corbo «allora la cosa è grossa!».

– Grossissima – disse il capitano Bartolini come se gli avesse letto nella mente.

– Vito s'è confessato! – annunciò Giovannino, l'uomo con la coppola, mostrando irritazione e inquietudine.

Don Pietro – che stava bevendo un bicchiere di latte – finì tranquillamente, si leccò le labbra, fece schioccare la lingua, disse che al mondo non c'era niente di meglio del latte di capra appena munto, caldo caldo. Aggiunse che ogni volta che andava a Palermo, e beveva latte di vacca, gli venivano acidità e pesantezza di stomaco. Il giovane robusto, sulla trentina, che gli stava allato in piedi, disse che a lui il latte di vacca, a solo sentirlo nominare, faceva venire il vomito. Don Pietro tirò indietro la testa di scatto, si fece colare in gola le ultime gocce, porse il bicchiere al giovane. Solo allora mostrò interesse a quello che aveva detto l'uomo con la coppola.

– Quando fu? – domandò.

– Ora ora. Stavo facendo due passi sul molo con Ticche-Tacche... – si interruppe. – A proposito, Ticche-Tacche è diventato nervoso – disse.

- Una cosa per volta - fece don Pietro.
- E abbiamo visto Vito che stava assittato con Corbo, in punta al molo di levante. Sono stati un pezzo a parlare fitto fitto. Poi Corbo se ne è tornato indietro solo.
- Cosa si sono detti?
- E che ne so? Non ero così vicino.
- E allora come fai a dire che Vito s'è confessato?
- Mi è parso.
- A chi pare, spara - disse lapidario don Pietro. L'uomo con la coppola inghiottì.
- E come mai Ticche-Tacche è diventato nervoso?
- Dice che per fare una cosa così non c'era bisogno di chiamare lui.
- Perché, chi è, il figlio della gallina pinta? Questo Ticche-Tacche sta diventando un peto gonfiato. E a forza di gonfiarsi finisce che un giorno o l'altro piglia e scoppia. Meno ha la mano ferma e più si crede un padreterno.
- Sacco di merda - commentò il giovane.

Don Pietro si voltò a taliàrlo al di sopra degli occhiali, il giovane capì che aveva fatto imprudenza e si tirò indietro di un passo.

- Insomma, che vuole fare?
- Dice che vuole spicciarsi e andarsene, il paese non gli piace.
- Ma guarda che va a pensare! - don Pietro si mise a ridere divertito. - E dov'è, ora?
- È tornato a casa di suo cugino. Gli faceva male la gamba.

Don Pietro storse la testa a guardare il giovane.

– Lo sai come se l'è scassata la gamba? Tu non eri ancora nato, mi pare.

– Non ero nato, ma il fatto lo conosco – fece il giovane.

– Allora contamelo.

– Lo devo contare a voi? – domandò meravigliato il giovane.

– Sì. Che mi fa piacere sentire quando mi contano le cose.

– È stato nel trentacinque, sulla piazza di Mussolevi, un disgraziato vi si è avvicinato, ha scocciato il revolver e stava per spararvi quando Ticche-Tacche con una pedata glielo ha fatto volare dalla mano. Ma quello ha avuto lo stesso il tempo di sparare e l'ha preso nella gamba.

– Non te lo scordare – disse don Pietro – mai, quando senti parlare di Ticche-Tacche. Che allora non si chiamava così – precisò – questa è una *'ngiuria* che gli hanno messa dopo, quando è diventato zoppo. Digli a Ticche-Tacche – continuò rivolto a Giovannino – che se stasera se la sente di fare la seconda, è cosa sua.

– Macari se Vito ha parlato con Corbo?

– Macari se Vito ha parlato con Corbo. Non sei tu, Giovannino, che te la devi sentire pendere, ma Ticche-Tacche. E poi non lo sapevamo che macari questo era in conto? Che è, una novità, che Vito non è uomo di panza?

– «Omu senza panza, omu senza sustanza» – sentenziò il giovane, e voleva dire che chi tira fuori dallo stomaco tutto quello che ci ha dentro – e con la legge, poi! – non ha midollo, è cosa senza valore, da lasciare in un fosso come una scarpa vecchia.

«Come sono diventato di riguardo!» constatò tristemente Vito vedendo che Pasquale lasciava in tredici un gruppo di portuali coi quali stava discutendo e gli veniva incontro con la mano stesa.

– Senti – disse Pasquale con l'occhio di condoglianza – ho saputo di questa notte.

– Che hai saputo?

– Vito! – lo rimproverò Pasquale mostrandosi offeso – a un amico?! – e proseguì: – È da stamatina, da quando me l'hanno detto, che sto a pensarci.

– Chi te l'ha detto?

– A me? Vasalicò.

– E a Vasalicò?

– Masino.

– Avete fatto la catena di Sant'Antonio – disse Vito.

– Ma che te ne fotte! – esclamò Pasquale. – Il paese è pieno. Però non è questo l'importante, l'importante è venire a sapere perché.

– A me lo vieni a dire – riconobbe Vito – che mi ci sto rompendo la testa.

– Io ti conosco di dentro e di fuori – riprese Pasquale – e se fossi al posto tuo, sarei subito andato a parlare con Peppi monacu.

– Ma non dire minchiate! Che c'entra Peppi monacu! Se non la va più a trovare da quando è uscito dal carcere!

– Lo dici tu. Io, per esempio, con questi occhi l'altra notte ho visto Peppi che usciva dalla casa di Giovannina.

– Va bene, però macari se qualche volta va a trovarla, a Giovannina, che sempre sua moglie è, questo non significa che gli è presa la botta dell'onore e si mette a sparare a dritta e a manca.

– E io ti dico invece che hanno stretto da capo. E che ne sai tu che alzata d'ingegno può avere un cornuto paziente? Un giorno che le corna gli prudono più del solito, piglia e spara.

– Col culo – disse Vito.

– Ricordati che dieci anni se li è fatti perché ha sparato con tanto di revolver. Io ci andrei a trovarlo, lasciati pregare – insisté Pasquale.

– Va bene, ci vado – disse Vito salutandolo. E macari se la cosa non lo convinceva, considerò che a seguire il consiglio di Pasquale non aveva niente da perderci. Aveva fatto trenta andando dalla vedova Tripepi, poteva benissimo fare trentuno andando da Peppi monacu.

«Come Cristo» si disse «da Ponzio a Pilato».

– Dal suo rapporto e da quello del medico che ha eseguito l'autopsia – disse Bartolini – si rileva che il Mirabile ha sostenuto una violenta colluttazione con i suoi aggressori, almeno due, ha avuto la peggio, è stato fatto fuori, legato, insaccato e trasportato altrove. In altri termini, è da escludere che sia stato ucciso nel luogo dove è stato rinvenuto.

– Assolutamente – disse Corbo.

– Bene. Quindi l'hanno depositato nel campo di quel contadino, come si chiama?... – e prese a cercarne il nome sulle carte.

– Argento. Salvatore Argento – fece Corbo che a malapena riusciva a tenere il nervoso che gli faceva quel minuzioso ripestiare del capitano.

– Non ha importanza. E qui gli hanno appuntato il biglietto sulla camicia e messe le scarpe sul petto. Il problema è ora di sapere dove l'hanno ucciso.

«Lo sapessi» pensò Corbo «non staremmo qua tutti e due a perdere fiato e a fare scuocere la pasta», ma si limitò a dire: – È un bel problema, sì.

– Però – riprese il capitano – tanto lontano non l'avranno ammazzato. È un po' azzardato andarsene in giro con un cadavere sanguinante, non trova?

«Forse a Torino sì» pensò Corbo, ma questa volta non disse niente.

Fatta questa domanda, Bartolini mostrò un improvviso disinteresse per le carte che aveva davanti, le scostò con un braccio, si appoggiò comodamente alla spalliera e taliò il maresciallo.

– Sarei lieto – disse – se lei mi esponesse la sua personale visione dei fatti. Nulla di ufficiale, si intende, una chiacchierata fra due amici.

– Ai suoi ordini – sottolineò Corbo che in fatto d'amicizia ci andava coi piedi di piombo. – Preciso criterio non ho, posso al massimo, tanto per parlare...

– Sentiamo lo stesso – lo incoraggiò il capitano.

– Il collega di Raccusa mi ha mandato un fonogramma, l'ha visto macari lei, dove mi dice che questo Mirabile da qualche tempo si mostrava in paese sì e no una volta a Natale. Eppure qua tutti lo facevano abitante a Raccusa, perché così lui andava dicendo a cani e a porci. Quindi è chiaro che...

– Non stava più a Raccusa da tre anni – lo interruppe Bartolini – si era procurato un lavoro presso un grossista di arance, vicino a Catania, e due o tre volte in quest'ultimo anno si è anche recato all'estero, in Germania precisamente, a trovare un suo fratello emigrato.

– Ah! – fece Corbo – allora...

– Cos'ha? – domandò Bartolini visto che l'altro si era fermato.

– Mi permetta, se lei ne sa più di me, mi pare inutile...

– Ha ragione – disse Bartolini – le faccio qualche domanda, è meglio. Che mi dice di quelle scarpe sul petto del morto?

– Vede, signor capitano, da noi hanno il gusto non solo di ammazzare, ma di ammazzare con la spiegazione. Io ti ammazzo così e così perché tu hai fatto questo e quest'altro. Se hai parlato, e non dovevi, io ti metto un tappo in bocca; se mi hai dato un dispiacere che merita morte, ti metto sul petto una pala di ficodindia, e così ti godi tu le spine che hai dato a me; di conseguenza, se tu vuoi scappare, ti levo le scarpe dai piedi e ti dico: hai visto che sei ridotto a piedi nudi? Dove te ne scappi, ora?

– Questo coincide – fece a se stesso Bartolini dopo una pausa. – E il biglietto?

– Il biglietto è più difficile da spiegare. O avevano bisogno di tempo, di quei tre giorni, o facendo trovare il morto in putrefazione e mangiato dai cani pensavano di rinforzare l'esempio che volevano dare.

– Io credo che sia più giusta la prima ipotesi – disse Bartolini.

– Pure io – si associò Corbo.

– E adesso mi dica. Questo delitto ha avuto una qualche ripercussione in paese?

– Niente – fece Corbo. – Chiacchiere e tabacchiere di legno. Il morto non era di qua.

– Ma è venuto a farsi ammazzare qua – ribatté Bartolini – o almeno nelle vicinanze. Coraggio, dunque.

– Il giorno stesso che l'abbiamo trovato – ammise controvoglia il maresciallo – hanno tirato due colpi a vacante contro uno del paese, ma in coscienza non posso dire se le due cose hanno relazione.

– Chi è l'uomo al quale hanno sparato?

– Un certo Vito Macaluso, uno che ha un pollaio.

– Che tipo è?

– Incensurato.

– L'anno scorso – disse Bartolini – una persona che teniamo d'occhio da quindici anni, che fra il '33 e il '40 è stata condannata per furto, falso e ricettazione e poi nuovamente per furto, che è stata segnalata da noi, dall'Interpol e dal Narcotic Bureau come abituale trasportatore di droga, in questi giorni è stata dichiarata di buona condotta morale, civile e politica e ha ottenuto il porto d'armi. Ciò premesso, che ha da dirmi – sul serio – circa il suo incensurato?

– Che è incensurato davvero e non solo sulle carte – disse Corbo al quale il capitano cominciava a diventare antipatico – e che non farebbe male a una mosca.

– Ma forse il male lo lascerebbe fare, a una mosca.

«È proprio antipatico» si confermò Corbo.

– Mi permetta una domanda – fece per pigliarsi una rivincita. – Ma lei per caso ha un'idea del perché hanno ammazzato Mirabile?

– Io sì – affermò tranquillo Bartolini. – E non si tratta di un'idea: aveva rubato due arance.

– Due di numero? – domandò Corbo sentendosi cadere le braccia dallo stupore.

– Due di numero.

– Cristo, e per due arance...

– Erano arance buone – disse Bartolini – di quelle da esportazione, arance da novanta come vengono chiamate da voi. Hanno in genere ventisette centimetri di circonferenza e pesano, ognuna, attorno a duecentotrenta grammi.

Corbo capì che il capitano non stava scherzando, per un attimo aveva avuto il pensiero di trovarsi di fronte a un pazzo da libro di studio.

– Avanti – disse perdendo la pazienza – le conosco le arance da novanta – senza manco rendersi conto che si rivolgeva in questo modo a un superiore.

– Di queste arance, il fratello di Mirabile era ghiotto. Gli ricordavano la sua terra. Ogni volta che il nostro uomo andava a trovarlo in Germania gliene portava due cassette. Però durante l'ultimo viaggio che ha compiuto, quindici giorni fa, ha avuto un ripensamento ed ha abbandonato le cassette sul treno, dopo essersi impossessato di due arance, ché tante ne mancavano. Le due arance del nostro amico erano, a vedersi, identiche alle altre, ma non commestibili. Erano arance di cera, perfettamente imitate, e ognuna gravida di centoventicinque grammi di droga. Nell'altra cassetta i ferrovieri di Monaco ne hanno trovate due dello stesso tipo.

Corbo non seppe trattenere un fischio.

– Mirabile – disse il capitano – si è messo in tasca, a conti fatti, un quarto di chilo di roba.

– E in petto, in conclusione, un quarto di chilo di piombo – fece Corbo.

– Non aveva scampo – disse Bartolini – o noi o loro. E loro non avevano altra soluzione che farlo fuori. Perché vede, se una maglia della catena che lega il più lontano contrabbandiere all'ultimo consumatore di droga cede – come è stato il caso del Mirabile – di maglia in maglia si può risalire fino ai pezzi grossi di Tangeri o di Beirut. Ecco perché io ho fatto poco fa quella manfrina: non devono avere il più remoto sospetto che la Finanza sia interessata alla cosa. Con la scusa di avere notizie della macchina fotografica, ritornerò a trovarla dopodomani e lei mi informerà degli ulteriori sviluppi.

– Ai suoi ordini – disse Corbo questa volta con un certo rispetto.

– C'è un'ultima cosa che vorrei raccomandarle. Svolga le sue indagini normalmente, come ha sempre fatto. Ma nel caso lei individuasse gli autori dell'omicidio, niente conflitti a fuoco. Ci occorrono vivi.

– Farò il possibile – promise Corbo.

– Buon appetito – disse Bartolini alzandosi.
– Anche a lei – rispose Corbo rendendosi conto che l'appetito, da cinque minuti, gli era del tutto passato.

Immobili col sole che spaccava, cinque tamburinari venuti da Masàra, la testa riparata da uno sgargiante fazzoletto annodato alla nuca, battevano una lunga e rullante cadenza araba: avrebbero continuato così, tutto il pomeriggio e la sera, percorrendo strade vicoli piazze, per annunziare la festa del giorno appresso. Il paese era calato, alle tre di doppopranzo, nel sordo letargo di certe giornate africane, sicuramente, all'indomani, si sarebbe trovato un velo di sabbia rossa del deserto sui balconi. Gli scuri inserrati per ripararsi dalla canicola, Vito non ce la faceva ad appisolarsi, ed era inutile dare la colpa ai tamburi. Si era spogliato lasciandosi solo le mutande, però così le lenzuola peggio gli si appicciavano addosso e lo facevano smaniare; forse macari andare a mangiare con Masino non era stata una bella pensata, ora si lastimiava di un peso allo stomaco. Le triglie di scoglio meritavano, sapevano di alga, e in soprappiù Catena aveva un modo speciale di cucinarle con la salsetta, l'aglio e il prezzemolo, che avrebbe dannato – come diceva – un santo eremita che avesse fatto voto di digiuno. Masino si era, al solito, abbuffato – è questa la morte delle triglie! – e lui stesso aveva sentito l'appetito venirgli a poco a poco. La mangiata era stata scarsa di parole, nessuno dei due se l'era sentita di cominciare un discorso a cuore aperto, sul fatto che qualche cosa di diverso ci fosse nell'aria si poteva notare solo da come Masino insistendo cercava di convincerlo a farsi un pesce in più, a bere un altro bicchiere di vino. Ma di quello che era successo la notte prima, muto. E meglio del gusto delle triglie era stato questo riguardoso silenzio di Masino a dargli un poco di fiato, a fermargli per un'ora la domanda che come un faro si accendeva e si spegneva nella sua testa: perché? Solamente alla fine, al momento di alzarsi, Masino gli aveva messo una mano sul braccio:

– Quando vuoi, sai dove trovarmi.

Confuso, Vito aveva abbassato gli occhi.

– Lo so.

– A qualunque ora, di giorno e di notte.

– Lo so.

Erano usciti appesantiti e dopo qualche passo Vito aveva confessato all'amico una violenta botta di stanchezza. Masino si era preoccupato di accompagnarlo sino alla porta di casa, raccomandandogli calma, riposo e bicarbonato. Ma qui, certo senza volerlo, aveva rovinato l'opera buona che stava facendo: per un attimo, alzando gli occhi all'intonaco scrostato dalle pallottole, nervosamente aveva fatto saltare lo stuzzicadenti da un angolo all'altro delle labbra.

Al telefono, al maresciallo Corbo veniva sempre di fare voci come dentro a un megafono, anzi una volta un capitano che non gli conosceva il vizio gli aveva fatto un liscebusso che ancora se lo ricordava.

– Badalamenti non lo voglio e manco Schembri. Badalamenti ha in paese una sorella maritata e a Schembri lo conoscono macari le pietre. No, io ci sento benissimo. E chi grida? Cosa di pazzi! Ma chi s'arrabbia? Dicevo che ne voglio due, siciliani mi raccomando, niente continentali che avanti di capire quello che gli stai dicendo ci mettono un anno! e in borghese. È per i comunisti, quest'anno il parroco s'è amminchiato che i comunisti non devono portare la vara di San Calogero e mi farà succedere il quarantotto. No, non è meglio in divisa, ho spiegato tutto al tenente. Se sono in borghese, una parola qua una parola là, macari riescono a mettere il buono senza fare danno. Sì, d'accordo, Manzella e Foti vanno bene. Mandameli con la prima corriera, mi servono fra qualche ora. Lo so che la festa è domani, ma c'è già un poco di movimento. Insomma, mi servono presto. Salutiamo.

Riattaccò che era bagnato – guarda se per una telefonata mi devo ridurre così! – e parlò a Carbone che gli stava davanti con una faccia da due novembre.

– Foti che è più giovane lo impiccico dietro a Vito. Non lo deve lasciare di corto. Manzella, tanto per non sapere né leggere né scrivere, lo mando a fare un giro dalle parti di quelli di Comisini. Tognin lo metto di piantone. Che te ne pare?

– E io? – fece Carbone invece di rispondere.

– Come sta tuo figlio piccolo? – domandò di rimando Corbo.

– Come vuole Dio. La febbre non gli passa.

– Gliela hai fatta anche quest'anno la promessa a San Calogero?

– Cinque chili di pane.
– Tu, domani, stattene a casa. Vuol dire che buttate il pane a San Calogero e fate svariare il bambino.
Carbone lo fissò a lungo prima di parlare.
– Che c'è? – domandò.
– Niente. Che ci deve essere?
– Non mi persuado. Io questa storia dei comunisti non l'ho sentita dire – disse papale papale.
– E io sì.
– Ma se Foti sta con Vito, Manzella con quelli di Comisini e Tognin di piantone, ai comunisti chi ci bada?
– Carbò – scattò Corbo – chi è il maresciallo qua dentro?
– Va bene, va bene – lo calmò Carbone e fece per andarsene. Ma sulla porta, girandogli il cervello come le pale di un mulino, gli parse di avere capito qualche cosa. Si voltò.
– E i vostri come stanno?
– I miei chi?
– I figli vostri, come stanno?
Si taliàrono.
– I miei ormai sono grandi – disse Corbo.

– Pirandello scriveva come scriveva perché aveva una moglie pazza – dichiarò categoricamente l'avvocato Sileci – e come poeta non valeva niente. Che vogliamo paragonare *La Pasqua di Gea* con il *Lucifero* o con il *Giobbe*? Pirandello non è manco degno di legargli le scarpe, a Mario Rapisardi!

– Ma se prima di sposarsi, e dopo, quando la sua signora stava bene, Pirandello scriveva e come! – controbatté il maestro Contino.

– Sì, ma che cose, egregio amico? Cose che si capivano, naturali, prendeva fatti successi da noi e li metteva sulla carta che erano una stampa e una figura con le storie nostre, macari un poco trasformate dalla sua fantasia, che in quanto a fantasia poteva mettersi a farne limosina.

– Mi permetta – insisté Contino – allora questo equivale a dire che Leopardi era malinconico solo perché Domineddio lo aveva fatto nascere con la gobba.

– E perché no? E perché no? Pigli Carducci, che pure non poteva vedere Rapisardi, e mi dica quando mai è stato malinconico. Il vino se lo beveva, la pasta se la mangiava, le fìmmine se le fotteva!

– E allora Tano Simone – insisté Contino immettendo nella gloria dell'olimpo letterario il nome di uno scarparo del paese – che ha una gobba che sembra un cammello e la malinconia non sa dove stia di casa?

– Comunque, meglio avere la moglie pazza che essere cornuto – intervenne malignamente don Cecè Afflitto che non poteva sopportare l'avvocato.

– Che vuol dire? – domandò questi sospettoso.

– Vuol dire che Rapisardi morì con le corna, non quelle dei dannati come vorrebbe il nostro parroco, ma corna autentiche, e sia ringraziato Giovanni Verga, mentre Pirandello no.

Nella considerazione di coloro che, fra i soci, ignoravano il particolare, l'astro del fiero poeta catanese precipitò con le ali spezzate, a piombo.

– Lei mi vuole fare inquietare – disse l'avvocato Sileci alzando la voce. – Lei non lascia passare occasione per farmi venire il sangue agli occhi!

– Ma scusi, a lei che gliene fotte della moglie di Rapisardi? Che era sua sorella?

– Sorella o no... – cominciò l'avvocato ma venne interrotto dalla voce di Vasalicò che, in un angolo del salone, leggeva «La domenica del corriere».

– Dite quello che volete, ma il più grande poeta siciliano per me è Micio Tempio. Ve la ricordate *La minata degli Dei*? – e citò il primo verso.

Uno ad uno, i presenti lo subissarono con le citazioni: se le opinioni letterarie li dividevano, la pornografia li fondeva in un blocco compatto. Fatto così salvo il nome del circolo – che era intitolato «di cultura e progresso» – ora potevano con la coscienza a posto dedicarsi a parlare di fìmmine.

Vito – che di tutti quei discorsi non era riuscito a seguire manco una parola – si accorse che l'orologio a pendolo segnava a momenti le sei: in un lampo si ricordò dell'appuntamento che aveva preso con il dottor Scimeni e che gli era completamente passato di mente. Al circolo era venuto perché non sapeva più dove andare a sbattere la testa, tanto valeva perdere tempo andando dal dottore. Perdere tempo: considerò che a tratti gli veniva di pigliare tutta la cosa come una specie di vacanza, una parentesi che era stata aperta da qualcuno e che toccava a questo stesso qualcuno di chiudere in qualche modo. Si alzò, fece un saluto circolare, uscì. Nell'anticamera dovette attardarsi perché la porta d'ingresso faceva resistenza ad aprirsi e intese Vasalicò esclamare a voce alta un – eh, povero Vito! – che era un invito alla sparla, a tagliargli il vestito addosso. Diede uno strattone, timoroso di sentire oltre, e si trovò sulla strada. La casa del dottor Scimeni era quasi di fronte al circolo: gli venne ad aprire Carmela, lo fece accomodare nel salotto, spalancò vetrate e persiane – i suoni e le voci, fortunatamente i tamburi erano lontani, entrarono come una mazzata – gli domandò se gradiva un caffè. Mentre Carmela usciva, Vito notò che era fatta bene e che il movimento del corpo, per la gamba strascinata, era come se ogni due passi facesse la mossa. Dirottò il pensiero su quello che da lui poteva volere Scimeni e intanto si taliàva attorno. I mobili erano pesanti, lavorati a sbalzo con lo stucco, c'era un tanger nero e oro con sopra scolpita una scena di caccia, una parete era occupata da un quadro grande, a olio, dove alcuni pescatori tiravano a riva una barca in un tramonto di sangue, l'altra parete aveva solo al centro un imponente calendario dono dell'*Istituto ortopedico Santa Rita*. Scimeni si presentò in pigiama, gli domandò scusa di averlo fatto aspettare, disse che quel giorno non si era sentito bene, tanto che non aveva voluto fare visite, e diede la colpa all'età che cominciava a pesargli. Scimeni si avvicinava alla sessantina, era stato a lungo in America e al ritorno, verso il '40, si era maritato: la figlia gli era nata tardi e la moglie gli era morta l'anno appresso. Poi Carmela si era ammalata quando aveva quattro anni e Scimeni aveva speso un patrimonio per cercare di sanarle la gamba, mandandola perfino in cliniche del continente. Però pure prima di queste disgrazie, il dottore non era mai stato di carattere allegro, era uomo di brusche parole e di scarse amicizie. Nemmanco dei dieci anni passati in America discorreva; in compenso però del suo soggiorno americano avevano sparlato gli altri, le malelingue non mancano mai, soprattutto dopo che era tornato Turi Santalucia, ma le voci avevano finito poi per scomparire. Quando erano entrati gli americani, Scimeni era stato fatto sindaco, dopo il fratello di Vasalicò si era messo a fargli la guerra e l'aveva vinta: Scimeni si era allora ritirato e non aveva più voluto parlare di politica.

– Ti sei domandato perché ti ho fatto venire? – fece il dottore entrando quasi subito in argomento.

Vito rispose con un gesto che voleva dire che tanto, domande o no, era lì.

– Ti ho fatto venire – continuò Scimeni – perché tu l'hai pensata giusta.

Vito stava comodamente affondato nella poltrona, a quelle parole inaspettate ebbe come una frustata, si scostò dalla spalliera domandandosi se Scimeni volesse in qualche modo riferirsi al fatto della notte prima.

– Riguardo a che cosa? – disse.

– Vengo al dunque. Tu avevi un pezzo di terra che non rendeva. Una vigna che riusciva a darti sì e no il vino che ti abbisognava per la tavola, quattro mandorle che i soldi che ci ricavavi bastavano a malapena a pagare gli uomini che te le venivano a cogliere, un poco di frumento che risicato ti serviva a chiudere la bocca a quelli delle tasse. Ma ti è venuta l'idea del pollaio e hai fatto tredici come alla Sisal.

– Ma che tredici! – fece Vito risprofondando nella poltrona. – Lo sa quanto costa mantenere un pollaio?

– Proprio questo volevo sentire da te.

– E perché? Ne vuole mettere uno pure lei?

– Non mi passa neanche per l'anticamera del cervello. Intendo, di metterne uno pure io. Il tuo basta e superchia. Tu lo vendi a me e resti a badarci.

– Io non lo voglio vendere, chi me lo fa fare?

– I soldi. Fatti i conti e dimmi una cifra.

– Ma lei che interesse ha?

Entrò Carmela con la tazza del caffè, servì Vito, uscì in silenzio come era entrata.

– Il mio interesse l'hai visto ora ora – disse Scimeni – ed è questa povera infelice. La farmacia l'ho data in appalto e non mi rende, la malattia di Carmela m'ha preso un banco di soldi, le visite mi stanco a farle. Ma ancora da parte ho qualche lira, poco, quanto basta però per ingrandirlo, questo pollaio. Prima di andarmene, vorrei essere sicuro che Carmela non avrà pensieri.

– I pensieri li dà, un pollaio – disse Vito. – Ora c'è il male, domani il mangime che non va bene, dopodomani le uova calano a quindici lire...

– Bevi il caffè che si raffredda – fece Scimeni.

Vito bevve. Scimeni lo stette a taliàre chinato in avanti, le braccia appoggiate sulle gambe. Rimasero in silenzio, poi Vito si decise a parlare.

– Ora come ora, non so che dirle.

– Pensaci.

– Ci penserò.

– Presto?

– Presto.

– Entro domani sera – disse Scimeni.

Vito lo taliò ammammaloccuto.

– Come entro domani sera?

– Ho da dare una risposta – fece il dottore alzandosi – e se non combino con te, lunedì mattina cerco di concludere un'altra partita.

Sulla porta, Scimeni lo trattenne per un braccio.

– Non dubitare che sui soldi ci mettiamo d'accordo. E con tua soddisfazione.

– Non è questo. Il fatto è che a quel pollaio ci sono affezionato.

– Se mi dai la risposta entro domani sera – disse il dottore – io sono pronto a darti due volte la cifra che mi domanderai: una per il pollaio e una per l'affezione. A parte poi ti pago il disturbo per badarci.

Vito rimase stonato.

– Ma sta dicendo sul serio?

– Quando mai mi hai visto scherzare? E c'è un'altra cosa che mi sta venendo in mente ora. Se tu al pollaio non vuoi badarci, me lo dici e ti chiami fuori. Ti chiami fuori – continuò – perché con quello che io sono disposto a pagarti ti viene macari il desiderio di andartene da questo paese. Cambi aria e ti levi venti anni dalle spalle.

– Ci penserò – disse Vito che da dieci minuti gli pareva di trovarsi sulla luna. – Buonasera.

– A domani – fece, mostrandosi certo, il dottor Scimeni.

Scese le scale confuso, lentamente, ripensando alla

proposta del dottore e, ancora dentro il portone, si fermò per accendere una sigaretta. In tutto il discorso del dottore, ne era convinto, c'era una qualche cosa che non suonava. Ma non sapeva quale. «Con tutti i pensieri che ho» si disse «ci mancava solo questo beccamorto di Scimeni». In questo atteggiamento si lasciò sorprendere da Corbo che, passando per la strada, l'aveva visto con la coda dell'occhio. Il maresciallo allargò le braccia, appoggiò le mani ai due lati del portone, incrociò disinvoltamente una gamba all'altra, e fu come se l'avesse incarcerato.

– Che abbiamo? – domandò. – Non stiamo bene?

«Che camurria!» pensò Vito e replicò. – Ho salute da vendere.

– Sempre così – gli augurò Corbo sorridendo. – E allora perché è andato dal medico?

– Mi voleva parlare. E ora, se me lo consente, vorrei uscire da questo portone. O le devo domandare il permesso?

– Per l'amor del cielo – fece Corbo senza spostarsi di un centimetro – lei è libero di andare e venire dove vuole e con chi vuole. Mi piaceva soltanto ricordarle la storia di San Gerlando. La conosce, per caso?

– No, e non la voglio conoscere.

– Un attimo solo. Dunque, San Gerlando un giorno decise di affrontare un drago che terrorizzava la popolazione ammazzando e mangiando tutti quelli che incontrava. Andò dal drago e gli propose una scommessa. «Io ti lego con un mio capello» gli fece «e tu invece mi leghi con quante catene vuoi. Chi riesce per primo a liberarsi, vince». Il drago, che in fondo era un fesso e non doveva mettersi con un santo, accettò. In conclusione, San Gerlando si liberò in un fiat delle catene, mentre il drago si trovò legato per sempre con un filo sottile che non si poteva spezzare e più si muoveva più il filo gli entrava nella carne. Bella, eh? Le è piaciuta?

– Sì – disse Vito – ma che vuole con questa storia da opera di pupi?

– Che mi basterebbe un suo capello, uno solo – fece Corbo diventato serio. Si spostò per lasciarlo passare, invitandolo con un largo gesto del braccio.

Turi Santalucia stava di casa nelle vicinanze del vecchio ponte di ferro, sulla provinciale abbandonata che portava verso Puntagrande, in una casupola in fila con una decina d'altre, schiacciate fra il bianco della collina di marna che era alle spalle e il giallo della spiaggia che correva davanti. La casa di Santalucia, come quasi tutte le altre, aveva intorno un orto malato – la sabbia si mangiava tutto – e Turi, quando Vito arrivò, stava in piedi con le spalle appoggiate vicino alla porta, a fumare la pipa di canna con la testa di moro, un tipo che non si vendeva più e che solo nel cafarnao delle sorelle Melluso, in mezzo a giocattoli di latta, scherzi di carnevale che non funzionavano e cartoline postali di cinquant'anni prima, si poteva ancora trovare. Vito aprì il cancelletto fatto di due assi intrecciate e con arrotolato sopra il filo spinato.

– Posso entrare?
– Entra.

Turi di cognome faceva Borgini, la *'ngiuria* con la quale era conosciuto però gliela avevano messa che era ancora bambino, quando un'infezione agli occhi gli aveva minacciato la perdita della vista. Sua madre l'aveva votato a Santa Lucia e anche dopo che era passato lo spavento Turi era restato devoto, ogni tredici dicembre mangiava *cuccìa*, il piatto che per quel giorno la santa prescriveva ai suoi fedeli, fatto di ceci e di chicchi di frumento bolliti e annegati nel vino cotto. Macari quando a vent'anni se ne era andato in America si era portato dietro una santina nel portafoglio e una bottiglia di vino cotto nella valigia, i ceci e il frumento era sicuro di trovarli a Nuovaiorca. E, facendo il conto, la sua devozione l'aveva salvato, in America, dalla cecità. Come qualcuno si era messo a raccontare quindici anni dopo, una volta che era tornato al paese, le cose erano andate così. Pare che in quel periodo, agli stati, gli fosse venuta la bella pensata che un cristiano non avesse il diritto di ubriacarsi quando gliene prendeva desiderio, e a chi nascostamente al cristiano offriva quella opportunità, trent'anni di galera potevano toccare. Alcuni siciliani di Masàra, che Turi aveva conosciuto, lo avevano invitato a guadagnarsi qualche dollaro servendo da bere ai clienti in un loro locale che fuori pareva un magazzino di pezze vecchie. La cosa era andata avanti bene e dopo qualche tempo, sempre su invito di quelli di Masàra, era passato a un locale più grande e più bello, dove al piano di sopra si giocava, c'erano fìmmine che andavano con le minne tutte di fuori, parevano tante madonne e invece erano buttane. Ma non c'erano soldi che potessero pagare gli spaventi che ogni tanto Turi si prendeva. Non era per i pulìsi, perché con quelli quasi sempre si mettevano d'accordo, gli spaventi veri erano cominciati quando quelli di Comisini si erano messi in testa che quelli di Masàra dovevano cambiare aria. Una mattina che Turi tornava a casa era stato preso in mezzo da due di Comisini e uno gli aveva fatto saltare tre denti. Poi le acque si erano intorbidate peggio e qualcuno ci era restato secco: finì che quelli di Comisini si pigliarono il locale e il resto e fecero fortuna perché si erano portati appresso uno che il whisky lo sapeva fare buono, un chimico bravo. Turi, che dopo i tre denti non voleva farsene rompere altri – siamo tutti paesani, tutti dobbiamo campare – era andato, raccontavano sempre le anonime voci, da quelli di Comisini a dare una mano, a dire come dovevano fare. Da quel momento Turi si era trovato a dirigere due locali, e si era preso tutte le cose a tre a tre, una per dente che ora aveva d'oro: tre automobili, tre radio, tre case, tre belle fìmmine. Ma un giorno quelli di Masàra si erano fatti vivi, mettendosi d'accordo con brutta gente che parevano inglesi e invece non lo erano, coi capelli rossi, di un paese vicino all'Inghilterra. Quelli di Masàra non ci avevano perso tempo. Una notte Turi si era svegliato e se ne era trovati due ai lati del letto e ancora non riusciva a capacitarsi come avevano fatto a entrare. Li conosceva tutti e due, perché avevano fatto il viaggio dalla Sicilia con lui e avevano avuto dopo modo di incontrarsi, erano Giovanni Salomone, che poi lo trovarono con i piedi nel cemento, e Cicco Marino, che poi morì schiacciato da un'automobile sconosciuta.

– Che brutta infamità che hai fatto agli amici – aveva detto sconsolato Giovanni.

– Agli amici che ti volevano bene – aveva rinforzato Cicco.

Turi non poteva muoversi, lo tenevano sotto punterìa.

– Tu sei devoto di Santa Lucia? – si era informato Cicco.

– Sì.

– Ce l'hai con te la santina?

– Nel portafoglio.

Giovanni si era mosso, aveva aperto il portafoglio che era sul comodino, gli aveva messo davanti agli occhi la santina.

– Pregala.

– Perché?

– Perché ci hanno detto di cavarti tutti e due gli occhi. Ma se tu preghi la santa, e la preghi bene, forse ti fa il miracolo e un occhio ti resta.

Gli avevano anche consigliato di mettersi in ginocchio, così era capace che la preghiera arrivava meglio. Dal profondo del cuore Turi si era messo a pregare, e Santa Lucia il miracolo glielo aveva fatto: Cicco col pollice gliene aveva fatto saltare solo uno, il destro. Ma Giovanni l'aveva avvertito che i miracoli è difficile che succedono due volte: se non se ne andava presto, era sempre possibile che perdesse pure l'altro. E Turi aveva obbedito; rinunziando a tutto, dopo due giorni, povero e pazzo più di prima, aveva pigliato la nave per tornare al paese. Le stesse voci che raccontavano questa storia aggiungevano di passata che il chimico bravo, quello che sapeva preparare il whisky buono, era il dottor Scimeni: ma erano tutte voci, l'unico fatto certo era che Turi, dall'America, aveva portato un occhio di meno – per uno scontro d'automobile – diceva. Un'altra cosa sicura era che Turi e il dottore non si parlavano, quando Turi aveva qualche malattia pigliava la corriera e se ne andava nel paese vicino. Pure i medicinali se li comprava fuori, nella farmacia che Scimeni aveva dato in appalto non metteva piede neanche a cannonate.

– Che ti succede? – domandò brusco Turi.
– Ti voglio parlare.
– E parla. O vuoi che entriamo dentro?
– Forse è meglio.

La stanza non aveva pavimento, era di terra battuta, un tavolino, un letto, due sedie, un armadio e basta. In un angolo una cucina di mattoni, a carbone, sulla quale c'erano un piatto e due bicchieri lordi. Su una parete facevano mostra sei santine diverse di Santa Lucia, messe a quadretto, e sotto un lumino acceso. Turi fece cenno a Vito di assittarsi e si sistemò in modo da poterlo vedere con l'occhio buono.

– Sentiamo – disse.

Vito si mise a disagio, la spinta che l'aveva portato fino alla casa di Turi aveva di colpo perso forza, era solo una curiosa impressione provocata dalle parole del dottore. Decise che la cosa migliore era di attaccare, senza perdere tempo.

– Tu Scimeni lo conosci bene?

L'altro si levò la pipa dalla bocca e si parò voltando un poco la testa, ora Vito gli vedeva solo una palpebra chiusa, impicciata con la pelle che stava sotto.

– Proprio a me lo vieni a domandare? Lo sai che con Scimeni non ci prendiamo.

– Per questo sono venuto. Di Scimeni io ne so solamente quello che se ne sa in paese. Poco. È uno che si fa i fatti suoi, che non dà confidenza. Tu l'hai conosciuto in America?

– Sì.

– Che faceva?

– Si guadagnava il pane, come gli altri.

– Come?

Turi non rispose subito.

– Eravamo tutti picciotti – disse finalmente – con le palle che ci fumavano. Quando penso a quelle giornate, mi devi credere, mi pare di avermele sognate. Certe volte, se uno mi domandasse a tradimento: – ma tu ci sei stato in America? – io mi sentirei di rispondere, in coscienza: – chi, io? – Lasciamolo perdere a Scimeni – concluse.

Vito capì che non era il caso di insistere.

Turi su quel discorso si era fatto sordo.

– Va bene – disse alzandosi – scusami.

– Perché ti interessi di Scimeni? – domandò inaspettatamente Turi.

Vito pensò che l'unica era di dire la cosa come era

successa, senza parlare del suo pensiero, ché solo inquietudine era, un malessere certo dovuto a tutto quello che gli stava capitando.

– Oggi mi ha chiamato perché dice che vorrebbe comprare il mio pollaio. Volevo sapere se era uomo da fidarsi.

Ancora una volta Turi restò in silenzio, lasciando Vito, che si stava dando speranza, ad aspettare in piedi.

– Tuo padre era una brava persona – fece Turi – un gran galantuomo. Quando sono tornato dall'America e non avevo una lira, mi ha aiutato. Lo sapevi?

– No.

– Daglielo il pollaio a Scimeni, se lo vuole, daglielo. Te lo paga bene?

– Due volte di più di quanto vale, e non capisco il suo tornaconto. Mi ha dato tempo fino a domani sera, per la risposta.

– Vacci ora, digli che l'aria di mare ti ha aperto la mente e che non hai bisogno di aspettare. Non lo contrariare, a Scimeni. Daglielo.

«Il maresciallo Corbo, che ha prontamente iniziato le indagini sull'efferato delitto, ci ha lasciato capire, nel corso di una conversazione avuta personalmente con noi, che avrebbe una traccia da seguire. Il delitto pare insomma debba inquadrarsi in una questione di interessi fra pastori». Il giovane finì di leggere a voce alta la notizia del corrispondente locale, che non perdeva occasione per darsi arie, ripiegò il giornale della sera che era appena arrivato col treno di Palermo, sorrise e si fregò le mani.

– Tu sei contento? – gli domandò don Pietro che se ne stava al balcone, in pigiama, assittato su di una poltrona di vimini.

– Io sì. E non devo essere contento?

– Di che?

– Di quello che ha scritto il giornale.

– I giornali, figlio mio, sono buoni solo per portarseli a cesso: li leggi e poi ti ci pulisci, con rispetto parlando, il didietro. Io mi ricordo che nel '45 questo stesso cornuto che scrive sul giornale disse che Pippo Ingrassia veniva da tre giorni «sottoposto a stringente interrogatorio» dai carabinieri e invece il povero Pippo da tre giorni aveva cominciato a fare concime. E macari quando Ignazio Martinez si buttò latitante, un giorno prima di arrestarlo i giornali stamparono che i carabinieri facevano pena, tanto non sapevano a quale santo pregare. E l'idea di dove andarlo a pigliare nella stessa notte gli è venuta, senza nemmeno una spiata, solo per virtù dello spirito santo? Nossignore, volevano che Ignazio Martinez ammuccasse quello che scrivevano. Ignazio ammuccò, e da dieci anni non abbiamo più avuto il piacere di averlo con noi. A proposito, come sta? Se ne hanno notizie?

– La moglie mi ha detto che tiene buona condotta. È diventato bravo a fare tempii della Concordia con la mollica di pane. Sperano nella grazia per la Repubblica.

– Ci spero pure io, perché Ignazio è un picciotto d'oro. Di uomini come lui ne nascono uno a ogni morte di papa. I gelati, li ordinasti?

– Dovrebbero arrivare a momenti.

– Però i gelati di Firetto non sono più quelli di una volta. Un tempo, prima della guerra, d'estate ogni sabato doppopranzo ammarrava al largo un idrovolante, Firetto si teneva pronto e con il motoscafo del comandante del porto gli faceva avere a bordo un pozzo di gelati, che copriva con ghiaccio e sale. L'idrovolante ripartiva e ammarrava di nuovo a Ostia, da qui il pozzo veniva portato in automobile a Roma, a Villa Torlonia, e il duce poteva così fare gustare il nostro bel gelato ai suoi amici. Mi ricordo che quando volevamo fare incarognire il cavaliere Attard gli dicevamo che l'autostrada di Roma con Ostia la stava facendo costruire perché i gelati gli arrivavano squagliati. Quello sì che era un uomo!

– Eh! – fece il giovane associandosi con un sospiro al rimpianto. – Ma per tornare a quello che c'è sul giornale...

– Corbo è una volpe, non te lo scordare. Corbo è uno sbirro vero, che una cosa dice e un'altra ne pensa. Se dice che la morte di Gaetano è cosa di pastori, puoi metterci la firma che dei pastori gliene fotte quanto dei pastori di creta del presepio.

– E allora che facciamo?

– Tu che dici?

– E che so, andiamo da Corbo, mandiamoci qualcuno che gli faccia una parlata, troviamo per davvero uno che abbia avuto a che dire con Gaetano...

– Corbo è santo che non suda. Se tu ci vai, o ci mandi qualcuno a fargli una parlata, tu o questo qualcuno, senza neanche il tempo di fare biz, andate all'Ucciardone a tenere compagnia a Ignazio Martinez. E se gli mettiamo in mezzo ai piedi uno che ha avuto a che dire con Gaetano, cosa credi che ti dice grazie e basta? Vuole sapere di chi è l'interesse. E se lo viene a scoprire, cosa gli racconti? Che ti piace la sua faccia e che lo vuoi aiutare a diventare sottotenente?

– Perciò dobbiamo starcene qua a taliàrci il bellìco mentre quello tira a rovinarci?

– Eh! Quanto corri! Ancora, prima di arrivare a tanto, prima di dire *scappa Ninfa ca stizzìa*, bisogna che piova per davvero e piovere davvero significa minimo minimo il diluvio. Il punto non è questo, figlio mio. Il punto è Vito.

– Ma se Vito ha già parlato con Corbo?

– Vito, ve l'ho detto e ve lo ripeto, non ha parlato con Corbo. Almeno, non di quello che noi sappiamo. Se gli avesse non dico parlato ma solo detta mezza parola, a quest'ora forse non saremmo qua ad aspettare che arrivano questi benedetti gelati.

– Ma allora perché Vito non si decide a fare quello che deve fare?

– Perché col tempo e con la paglia si maturano le azzalore. Questa è una cosa grossa, non c'è bisogno che te lo dico io, e deve essere trattata con attenzione. Quel grand'uomo del duce fece una volta un discorso che insegnava come si fa a fare camminare uno scecco, col bastone e con la carota. Con Vito bisogna fare lo stesso, solo che a Vito non c'è bisogno né di bastonarlo né di farlo mangiare. Il bastone glielo prometti e la carota gliela fai vedere. E lo scecco ti assicuro io che non solo cammina, ma trotta.

– Entriamo dentro – fece con un certo nervoso il giovane – con questa camurria di tamburi non vi sento più.

– No – disse don Pietro – buttagli invece mille lire e digli se si fermano tanticchia sotto il balcone. Mi piace sentire la tammuriniàta.

«Vuoi vedere che ha ragione Pasquale ed è che a Peppi monacu gli prudono le corna?» si disse Vito.

Si era fatto buio, la luce ci aveva messo un sacco di tempo a scomparire: il tramonto era stato a godérselo dal fianco della collina di marna dove era salito dopo la visita a Santalucia. Perché, a ragionarci sopra senza sangue grosso, i fatti erano andati in un modo preciso. La sera prima – se ne rammentava perfettamente – quando era uscito dal cinema, Scimeni l'aveva salutato e aveva cacciato dritto. Era stata una combinazione che, poco dopo, lui si fosse trovato a incontrare di nuovo il dottore, e solo allora Scimeni l'aveva chiamato per dirgli che gli voleva parlare. Se era una cosa organizzata, la carezza e la botta insomma, il dottore si era troppo fidato del caso. E poi, stringi stringi, nel discorso di Scimeni che cosa c'era che non suonava? Un tono che gli era parso curioso, e va bene, ma aveva detto che si era sentito male tutta la giornata e macari era insitato sull'agro.

La proposta gliela aveva fatta con tutti i sacramenti, due cose sole stonavano: la promessa di pagarlo due volte tanto e la prescia. Intanto c'era da dire che una cosa è parlare e una cosa è fare, voleva vederlo, Scimeni, al momento di pagare due quello che valeva uno! Bisognava ancora considerare che il pollaio rendeva bene e avrebbe reso di più; se lo voleva, il dottore fra un anno doveva sborsare il triplo. Sulla prescia, se per davvero lunedì mattina avrebbe dovuto dare una risposta su un altro affare, tutto filava liscio come l'olio. In quanto a quello che gli aveva detto – o lasciato capire – Turi, c'era da dire che Santalucia parlava come uno che con Scimeni si era scontrato e ci aveva lasciato, tanti anni prima, tre denti e un occhio. Turi aveva troppo il carbone bagnato, non era da tenere in conto. Da Scimeni ci sarebbe perciò andato, con comodo, a dirgli che il pollaio non si sentiva di venderlo. E dunque si tornava a quattordici, a Peppi monacu. Se le cose stavano come diceva Pasquale, si vede che a Peppi gli era venuto appetito, faceva l'offeso per scroccare qualche soldo. Peppi lo si metteva a posto, bastava alzare la voce. Però, in coscienza, ancora non ce la faceva a vedere Peppi che prendeva un fucile e sparava. La meglio era di andare al cinema come tutte le altre sere, a Peppi avrebbe parlato l'indomani mattina, la prima cosa da fare appena tornato dalla campagna. Non se la sentiva di attraversare il paese, decise che avrebbe camminato a riva di mare, poi all'altezza del cinema si sarebbe infilato in mezzo alle case.

Alla luce ondeggiante dei due lumi ad acetilene i melloni d'acqua che erano accatastati sulle basole, e quelli già aperti sul bancone che mostravano la polpa rossa, parevano ballassero come palloni pieni d'aria. Mentre il bancarellaro si rompeva la gola a gridare che i melloni gli stavano pigliando fuoco, tanto rossi erano da bruciare, Vasalicò e Pasquale, indecisi se andare a cinema o farsi la partita a bigliardo da Masino, erano arrivati alle quattro fette a testa e ancora avevano intenzione di continuare.

– Che gli hai promesso quest'anno a San Calogero? – domandò Pasquale.

– Diecimila lire.

– E la grazia te l'ha fatta?

– No, ancora no, ma non mi fido e le diecimila lire gliele do lo stesso, non voglio fare la fine di don Giacomino Rappolo.

San Calogero, era notorio, s'infuriava per le promesse non mantenute: come tutti i meridionali, l'essere fatto fesso era cosa che non poteva sopportare, e più meridionale di questo santo nero di pelle, che veniva dalla parte degli arabi, era difficile che se ne potessero trovare. Se San Calogero si accorgeva che un devoto traccheggiava su una promessa o peggio non la manteneva, era capace di mettersi a fare cose terribili, come un cristiano qualunque. Lo aveva sperimentato appunto don Giacomino Rappolo che aveva promesso al santo cinquantamila lire se gli sanava la gamba rotta che non gli si voleva incollare. Dopo due mesi, puntualmente, la gamba gli era sanata, ma don Giacomino ci aveva pensato sopra e aveva concluso che quel servizio del santo non valeva più di venticinquemila lire, perché gli era rimasto un poco di zòppico. Era entrato in chiesa, aveva appuntato le venticinquemila lire ad uno dei nastri che pendevano dalla manica della statua, ed era uscito. Appena fuori, aveva messo un piede malamente, e aveva contato tutti e quindici gli scaloni della chiesa: gambe gliene erano partite due.

– Chissà se Vito l'ha fatta, la promessa – disse maligno Vasalicò.

– Non la fa mai – disse Pasquale.

– Quest'anno forse sì – sorrise Vasalicò – e gliela deve fare grossa.

Mangiarono un'altra fetta.

– Tu, a Vito, l'hai visto? – domandò Vasalicò.

– L'ho visto e gli ho parlato, stamatina. Gli ho detto che, secondo me, aveva una sola cosa da fare: farsi vedere da Peppi monacu.

– Perché, tu pensi?...

– Ci metto la mano sul fuoco.

– Mah! – fece Vasalicò.

– Non ti convince? Tu allora sai qualche cosa?!

– Io non so niente, non gli ho manco parlato. Però oggi eravamo al circolo, tutt'insieme s'è alzato come se gli fosse venuta in mente una cosa, ha salutato e se n'è andato. A me è venuta curiosità e mi sono affacciato: correva a casa del dottor Scimeni.

– Forse gli era venuto mal di pancia.

– Mah! – fece di nuovo Vasalicò.

– Ma insomma ora perché uno va a trovare il medico lo sa Dio cosa vi mettete a pensare. Tu, dal medico, non ci vai?

– Io sì. Ma a me non mi hanno sparato, ancora.

– E allora chi viene sparato va per forza da Scimeni? Guarda, su Scimeni storie se ne sono dette tante, mentre era in America e anche dopo, ma sono cose vecchie. Però su Vito non si è mai detto niente. Vito è uno scecco gessaro, di quelli che fanno avanti e indietro sempre la stessa strada per trent'anni senza mai alzare la testa.

– Appunto perché fa per trent'anni la stessa strada senza mai alzare la testa, come dici tu non fa altro che pensare e pensare e pensare e macari una bella giornata gli scappa detto o fatto quello che è stato a pensarci sopra trent'anni. Oppure, sempre per parlare di scecchi gessari, decide che non vuole più andare avanti e indietro e non smuove più un passo nemmanco con le campane.

– Vito non è il tipo.

– Manco Savaturi Barbato che fece mangiare alla moglie e ai tre figli i funghi avvelenati quando venne a sapere che i figli non erano suoi pareva il tipo – cominciò a litaniare Vasalicò contando sulle dita – e manco Paolino Savatteri che ammazzò la moglie e la suocera quando si accorse che...

– Lo vedi che mi stai dando ragione? – lo interruppe Pasquale.

– Come? Se ti sto dicendo tutto il contrario!

– Tu mi stai portando esempi di delitti d'onore ed è solo quando gli viene toccato l'onore che certe persone si risentono. E secondo me Peppi monacu...

– Dopo dieci anni che mezzo paese gli fotte la moglie?

– Dopo dieci anni. Secondo te l'onore va a tassametro?

– Ma perché proprio con Vito?

– Perché Vito è il più fesso di tutti. Lui fa finta di sparare a Vito e si salva l'onore, mentre se si arrischia di puntare a me o a te, noi lo prendiamo per il fondo dei pantaloni e lo facciamo volare a mare. E deve ringraziare Dio che gli è andata bene. Senti a me, Vasalicò, è una storia di corna.

Mammarosa non ce la faceva più, tutto il giorno era stato in pena per Vito dopo l'angustia della notte, e ora ci si era aggiunto questo nuovo pensiero. Proprio mentre stava studiando dove andarlo a cercare – ma se lo perdeva in mezzo a tanta gente? la mezzanotte era passata ma con la vigilia di festa doveva ancora esserci il passeggio – sentì chiaramente i passi di Vito che imboccavano la strada per tornare a casa. Il cuore gli saltò così alto che gli sembrò di poterlo sputare, tutto era come aveva calcolato, l'arrivo di Vito era la prova che aspettava. Quando ebbe la certezza che gli era arrivato vicino, di scatto uscì dal catojo. Vito se lo vide comparire davanti a tradimento, come uno di quei pupi che saltano in aria quando si apre il coperchio, e ne provò prima paura e poi, riconoscendolo, rabbia: – questo cane per davvero è, ora mi sente anche dall'odore – ma non ebbe nemmeno il tempo di aprire bocca che già Mammarosa l'aveva afferrato per le braccia e lo spingeva con forza dentro il catojo. Inciampò nel gradino, per poco non cadde a faccia bocconi, santiò – che cristo! – ma il vecchio aveva inserrato la porta.

– C'è luce? – domandò.

– C'è uno scuro da rompersi la testa – disse Vito ancora imparpagliato. Appena aveva visto Mammarosa gli era venuto in mente di quando bambino faceva qualche alzata d'ingegno e suo padre gli dava botte: si era portato appresso dalla matina il rimorso di non essere andato a trovare quel povero vecchio, e quando si era sentito le sue mani addosso era rimasto come paralizzato, in attesa del castigo. Ma ora che gli tornavano gli spiriti, cominciava ad arrabbiarsi e non ci poteva fare niente – sta a vedere che ora mi sfogo con lui di tutti i pensieri della giornata.

Mammarosa sentì il cerino, dopo un poco lo scatto dell'interruttore e poi la voce di Vituzzo che chiedeva:

– Mi vuoi spiegare che ti piglia?

– Mi piglia che sono tornati.

Come quando, col treno, si entra a velocità dentro una galleria e le orecchie ricevono un colpo, così Vito, dal tuffo che ebbe il suo cuore, capì che era entrato nella galleria più nera e più lunga della sua vita.

– Chi? – ebbe solo la forza di domandare.

– Non lo so chi sono. Però sono due, uno è zoppo, il passo gli fa una specie di tic tac.

– Tu come fai a saperlo, che cercano me?

– La notte passata è stata per me una notte di natale, pure dopo che il maresciallo m'ha detto che non era successo niente...

«E m'hai fatto un bel servizio» commentò dentro di sé Vito.

– ... e tutt'insieme mi sono ricordato che qualche minuto prima che arrivassi tu avevo sentito camminare due, e uno era zoppo. Non era gente di conoscenza, ma da qualche giorno il paese è pieno di forestieri per la festa. Dopo sei passato tu, ed è successo quello che è successo. Stasera mi sono messo di postìa, volevo parlarti. Un minuto fa ho sentito i due, lo zoppo e l'altro, che passavano, come ieri sera. Ho detto: vuoi vedere che ora arriva Vito? E sei arrivato.

– Ma non possono essere, come dicevi tu, forestieri?
– Forestieri o no, ogni sera si mettono avanti a te di cento passi – fece il vecchio.
– Può essere una combinazione – disse Vito, ma non voleva contrastare Mammarosa, cercava di darsi forza.
– Allora, se ti pare una combinazione, apri la porta e te ne vai. Ma se vuoi sentire a me, stanotte ti conviene restare qua.
– Qua?
– Il letto lo tengo pulito – fece Mammarosa. – Vuol dire che io mi metto sopra a una sedia.

Gli diede poco tempo per starsela a pensare.

– Allora che fai? Te ne vai o resti?
– Resto – si decise Vito. E menomale che Mammarosa non ci vedeva, perché tutt'insieme la paura, l'angoscia, la stanchezza e la rabbia gli erano diventate silenziose lagrime.

Vito era scomparso tanto in fretta che il carabiniere Foti si persuase che avesse svoltato l'angolo e se ne fosse andato a casa a dormire. Per scrupolo, camminò ancora fino alla piazzetta dove Corbo gli aveva spiegato che quello abitava, ma non notò niente che meritasse, c'erano solo due persone che parlavano nella parte più scura della piazza, dalla voce impastata si capiva che avevano la stiva carica. Foti stava dietro a Vito da quando il maresciallo glielo aveva fatto vedere che entrava nel circolo, e da quel momento era stata una vera via crucis: prima fino a quella casa vicino al ponte, poi per tre ore ad aspettare che si decidesse a scendere dalla collina dove era andato a parlare con le ciàvole, quindi la passeggiata a riva di mare – che se veramente lo volevano sparare, andava a cercarseli col lumino i posti buoni – e alla fine al cinema. La pellicola era una di spionaggio, americana, con l'agente segreto che ammazzava e cazzottiava, e sempre in mezzo a fìmmine che appena lo vedevano gliela davano subito, almeno in America a fare il poliziotto c'era la sua soddisfazione. Stabilì che era ora di andare in caserma, senza farsi vedere, come gli aveva raccomandato il maresciallo, per fare rapporto. Il rapporto aveva solo una cosa interessante, la visita alla casa vicino al ponte. Corbo se la fece spiegare per filo e per segno: e fu così che Turi Santalucia si sentì svegliare all'una di notte dal maresciallo dei carabinieri e, ancora stonato dal primo sonno, dovette raccontargli che cosa era venuto a fare da lui Vito Macaluso. Quando finalmente Corbo se ne andò via, Santalucia rimase a lungo sveglio a gastimiare contro il dottor Scimeni che, a trent'anni di distanza, ancora riusciva a fargli più danno di una fera.

Ma a perdere la notte insieme a Turi furono tanti, a cominciare dai due ubriachi che si fermarono a parlare fino alle quattro di matina, interrompendo ogni tanto il discorso sballato che andavano facendo per domandarsi reciprocamente e a bassa voce: – ma quando arriva, questo cornuto? – a Vito che tra i pensieri che l'assugliavano come cani feroci e il letto diverso si trovava comodo come una lumaca sulla brace, a Mammarosa che sentiva Vituzzo smaniare e con lui smaniava, alla vedova Tripepi che si era ricordata di una cosa e che aspettava e temeva nello stesso tempo il ritorno del suo vicino. Lo scoppio del primo mascone li fece dunque tutti sobbalzare, un botto secco che si sfrangiò nel gridìo delle rondini spaventate: il programma impicciato sui muri diceva che alle ore sei di matina ci sarebbe stato lo sparo di dieci mortaretti dall'alto della collina, per salutare la giornata dedicata ai festeggiamenti. Mano a mano che Vito aveva visto la luce del giorno filtrare da sotto la porta del catojo, aveva pigliato a confortarsi pensando che certamente Mammarosa aveva esagerato – va a sapere che aveva sentito quel vecchio stolido – e che lui troppo presto si era lasciato convincere. Gli era capitato insomma come Angelica quando scappa:

> di selva in selva dal crudel s'invola,
> e di paura triema e di sospetto:
> ad ogni sterpo che passando tocca,
> esser si crede all'empia fera in bocca.

Ma era scusabile, il fuoco grande in cui era tombato da due giorni era una cosa che a pensarci c'era da domandarsi come mai ancora non gli fosse venuta la febbre a quaranta. Puntualmente, allo sparo dell'ultimo mascone, attaccarono i tamburi che, sempre secondo il programma, ora dovevano essere in numero di quindici. Vito decise di alzarsi, anche se non se la sentiva: un altro poco ancora e tutto il paese, svegliato da spari e tamburi, si sarebbe accorto che usciva dal catojo. Si tirò su dal letto dove aveva dormito vestito e con le scarpe, e si avvicinò a piede leggero alla porta. Non voleva svegliare Mammarosa e non aveva desiderio di parlare. Ma mentre stava aprendo adagio, sentì la voce del vecchio alle sue spalle:

– Stai attento, Vituzzo.

– Sì, sì – disse sgarbato, battendo gli occhi alla giornata chiara.

– E che sono, San Calogero? – fece Corbo. Davanti gli stava Carbone, in borghese, che teneva sotto il braccio un paniere di vimini coperto da una pezza ricamata: ne aveva sollevato un lato e dentro si vedevano guastelle di pane speciale, fatto di frumento nero, dalla crosta dorata piena di giuggiulena.

– Provatene una fetta.

– Non si tocca la promessa del santo – gli ricordò il maresciallo.

– La promessa è stata di cinque guastelle e queste sono sei, una è per la casa.

Corbo stava per cedere alla tentazione, il pane aveva riempito di profumo tutta la càmmara.

– L'ho ritirato ora ora dal forno – continuò Carbone.

– Lo sento – disse Corbo arrendendosi. Tirò fuori

dal cassetto un coltello e tagliò tre fette, una per sé, una per Carbone e una per Tognin che aveva cominciato a inghiottire già da quando il collega gli era passato davanti per andare nell'ufficio del maresciallo.

– Muriamo a secco? – s'informò Carbone.

– Provvedo io – Corbo si alzò, aprì l'armadio, pigliò una bottiglia di marsala e tre bicchieri.

– Dove sono gli altri due? – domandò ancora Carbone con la bocca piena.

– Foti è di guardia davanti alla casa di Vito, Manzella l'ho spedito cinque minuti fa alla trazzera, in modo che se Vito va in campagna, è lui a tenerlo d'occhio –. Tirò un sospiro: – questo pane è una cosa di paradiso.

– Di paradiso – ripeté Carbone. – Ieri sera – disse dopo una pausa – quando vi ho lasciato sono andato a prendere un caffè da Masino. C'era Pasquale Cascino che teneva banco.

– Che diceva?

– Che Vito sta passando il guaio perché se l'intende con Giovannina, la moglie di Peppi monacu.

– Lo so – disse il maresciallo.

– Però Pasquale diceva che era curioso che Peppi si risentisse dopo tanto tempo, ma sosteneva che sui cornuti non c'è da giurare.

– Questa me l'aspettavo – fece Corbo pensieroso.

– Anche voi avete pensato a Peppi?

– Io? Manco per sogno. Dammene un'altra fetta, va'.

Carbone lo servì, e se ne approfittò per riempirsi un altro bicchiere di marsala.

– E allora che vi aspettavate?

– Che mettessero in mezzo questa storia. Tempo, ci hanno perso. Se quello che pensano di fare gli finisce malamente, stanno preparando di riserva il povero Peppi monacu per fargli pagare le spese. Se senti ancora Pasquale Cascino che dice questa cosa, digli di venirla a raccontare a me, che gli faccio mozzicare il ditino come a un bambinello. Questa, caro Carbone, è tutta una storia architettata da un mastro d'opera fina, altro che Peppi monacu. Ma lo sai che questo pane è per davvero una meraviglia?

– Servitevi pure – fece Carbone mettendogli sullo scagno tutto il paniere.

Stava a pancia sotto, il collo piegato di lato, un braccio attorno alla testa, l'altro abbandonato lungo il fianco. Nei pochi centimetri di terra che riusciva a vedere, limitati dall'arco che il suo braccio faceva, c'erano un verme e un filo d'erba. Il verme, di quelli bianchi e molli che si trovano sotto le pietre, si era messo in mente di arrampicarsi sul filo d'erba. Prima alzava la testina come a misurare la lunghezza del filo e il modo migliore di superare le difficoltà, poi, con le zampette più fini di capelli, pigliava ad attaccarsi. Per un poco ce la faceva, ma, quando era arrivato a mezza strada, il filo d'erba lentamente si piegava. Il verme non se ne dava per sentito, continuava a faticare la sua salita. Tutt'insieme però il filo d'erba finiva di piegarsi, senza rompersi, e il verme, dopo avere cercato di restare in equilibrio, cadeva a terra malamente. Si torceva e si torceva, ma una volta che ripigliava a strisciare, al filo d'erba tornava. Era una cosa da uscire pazzi, a Vito veniva desiderio di schiacciarlo, ma non poteva muoversi, schiacciato com'era lui stesso contro il terreno dalle due canne di lupara che sulle spalle gli stavano appoggiate. «Come ti catamìni, sei morto» gli aveva detto l'uomo infacciolato del qualé, a momenti, riusciva a vedere gli stivali. Il sole batteva. Da un pezzo Vito aveva finito di domandarsi quando quello si sarebbe deciso a sparare. Ad un certo punto si persuase che pure l'uomo in piedi dietro di lui stava a taliàre il verme. «Cadi, cadi, per carità» cominciò a pregare col pensiero e forse il verme l'intese, perché a metà si voltò a taliàrlo come per dirgli che se ne poteva stare calmo, ché tanto pure questa volta sarebbe stata come tutte le altre. Invece, come le altre non fu. Il filo non si piegava, pareva diventato di pietra, e Vito aveva voglia di respirare forte, il filo d'erba non si muoveva. Tranquillamente il verme arrivò fino alla cima e anzi continuò a salire per un poco ancora. «Questa volta ce l'ha fatta» disse l'uomo col fucile, e sparò.

Saltò dal letto sentendo ancora nella camera l'eco della voce che aveva fatto quando quello nel sogno gli aveva sparato, si era buttato sul letto appena tornato a casa, per riposarsi cinque minuti, ma la stanchezza l'aveva avuta vinta. Bussavano forte alla porta, aprì e si trovò davanti Pinuzzo, come il giorno avanti.

– Che fate questa matina?

– Vengo, vengo – disse Vito – il tempo di lavarmi la faccia e vengo.

La trazzera quel giorno pareva diventata il corso, era piena di persone vestite di lustro che scendevano in paese dalla campagna per pigliare parte ai festeggiamenti. Certi si portavano dietro muli e capre, gli animali erano tutti parati con fodere ricamate, con pezze di tanti colori, con frange d'oro e d'argento, e ad ogni bestia erano attaccati due sacchi di farina da offrire in chiesa al santo. Quando San Calogero era vivo, una peste tremenda aveva principiato ad ammazzare a centinaia la gente del paese, che allora era fatta di contadini, e il santo si era fatto in quattro per curare gli ammalati, ma quelli che riusciva a guarire dalla peste morivano lo stesso, deboli com'erano, per mancanza di cose di mangiare. I ricchi e i nobili, infatti, spaventati del contagio, avevano murato porte e finestre basse delle loro case dopo averle stipate di farina e frumento. San Calogero allora aveva avuto una buona pensata: aveva afferrato capre, muli e cavalli, li aveva legati insieme e aveva aperto la sfilata suonando alla disperata un tamburo. Ai ricchi che si affacciavano pigliati di curiosità, domandava di buttare giù dai balconi, in modo che non ci fosse contatto fra lui e quelli, pane e sacchi di farina. I nobili si erano convinti e il santo aveva potuto salvare i suoi malati.

«Se mi fa sanare da quest'altra peste, quasi quasi pure io gliela faccio la promessa» si disse Vito cercando nel pilastro del cancello la chiave che Pinuzzo vi aveva nascosta. Arrivarono dentro il cortile dove c'erano le gabbie con le galline e i polli, mentre Pinuzzo si preoccupava di avvisarlo che il giorno avanti le uova erano state scarse.

«E tu quante te ne sei fottute?» pensò Vito, ma disse solo a Pinuzzo di cominciare a pigliare le uova fresche, mentre lui apriva il magazzino.

Aveva fatto pochi passi, quando la voce spiritata del picciotto lo fece gelare.

– Correte, don Vitù, correte!

Si mise a correre.

Nel recinto grande, almeno trecento galline stavano ammucchiate in un angolo, una sull'altra, tutte accuratamente decapitate. Vito voltò la testa e cominciò a vomitare.

– È passato davanti a me che faceva spavento, di corsa, pareva un pazzo scatenato. Dietro aveva lo stesso picciotto che era con lui quando è salito, teneva la lingua fuori come i cani. A questo punto non sapevo che fare. M'era venuta curiosità di vedere che c'era che lo faceva scappare così, ma voi mi avevate detto di non mollarlo. Mi ci sono messo appresso, tutt'insieme ho visto Foti che se ne veniva per la trazzera e gli ho fatto intesa. Io sono tornato indietro, fino alla casa dove ci sono le galline. Mi aspettavo come minimo di trovarci il morto e invece ho visto quello che ho visto.

Manzella era fradicio per la corsa che aveva fatto e Corbo, mentre gli dava un bicchiere di marsala, pensava di essere tornato ai tempi della guerra, quando stava giornate intere dietro un telefono e i portaordini andavano e venivano. Questa storia delle galline decapitate, che Manzella aveva appena finito di contargli, non gli tornava con tutte le cose che gli aveva detto il capitano Bartolini. Bartolini, che aveva fatto tutto quel cinematografo della macchina fotografica rubata per venirlo a trovare, quadrava con i due colpi a Vito, con la droga, con quel Mirabile sparato, con le arance truccate, con Beirut. «Ma forse» pensò «magari a Beirut sarà lo stesso, va a sapere. Mentre fanno la festa a Maometto, bruciano il frumento a qualcuno».

– Calma e gesso – disse a voce alta, più per se stesso che per Manzella. – Calma e gesso.

Come che fossero andate le cose, era chiaro che la situazione andava diventando di minuto in minuto sempre più pericolosa. A Vito lo stavano fugattiando da tutti i lati senza dargli il tempo di tirare fiato, e Vito ora qualche cosa doveva fare, o quello che voleva chi non gli dava pace o qualche cosa di testa sua. E sempre si tornava da capo a quattordici: sempre Vito era la chiave.

– Tu – disse a Manzella – ti metti a cercare Foti per mare e per terra...

– E dove lo trovo? – l'interruppe l'altro.

– A me lo domandi? Che ne so?

– Con questa babele che c'è in paese per la festa?

– Che ore sono? – domandò con un sobbalzo Corbo.

– Le dodici e mezzo.

– Cristo! Tognin! – urlò il maresciallo.

Tognin si precipitò affannato dall'altra camera.

– Fra mezz'ora esce il santo – disse Corbo – e succede il solito casino. Vattene di prescia in piazza, mettiti di fronte alla porta della chiesa. Più tardi vengo pure io.

Tognin salutò e uscì.

– Ti do una mano – ripigliò Corbo. – Vai in fondo al paese, dalle parti della stazione, dove c'è il deposito di zolfo. Lì c'è una specie di barracca, ci sta il guardiano, un certo Peppi monacu. Prova là, può darsi che nelle vicinanze incontri Foti. Se non è là, fai giochi di prestigio, un voto alla Madonna, che minchia vuoi tu, ma trova Foti. Dagli il cambio, e digli di venirmi a riferire di corsa. Tu resta là e non lasci di corto Vito neanche se te l'ordina il padreterno in persona.

Manzella cominciò ad alzarsi di malavoglia. Quando fu vicino alla porta, Corbo lo richiamò.

– Ah, Manzè, un'ultima cosa. Se vieni qui a dirmi che ti sei perso Vito, prima passa da casa tua a preparare le valigie. Ti spedisco a Bolzano, così ti godi il sole d'estate e d'inverno.

– Come fai un passo ti scanno – fece Peppi monacu tirandosi indietro fino ad appoggiare le spalle al muro.

Se ne stava calmo e tranquillo come un quarto di luna a prepararsi le sarde salate con la cipolla e l'aceto quando aveva visto la porta aprirsi di botto e comparire Vito con gli occhi di fuori. Fortuna che teneva ancora in mano il coltello per tagliare il pane, quasimente quello gli saltava sopra.

– Disgraziato – ansimò Vito che davanti a Peppi si era sempre sentito pieno di coraggio e che ora per la rabbia manco il coltello gli faceva spavento – figlio di troia e cornuto!

– Piacere della presentazione – disse Peppi – ma se per caso parli di me, cornuto lo sono, disgraziato macari ma figlio di troia no. E ora che ti sei sfogato dimmi che vuoi.

– E non lo sai? Non lo sai?

– Non so niente.

Vito fece un passo avanti e un altro ne avanzò Peppi, col coltello avanti.

– Ti buco – disse.

– Tutt'insieme ti arrisolvi come un becco – attaccò Vito fermandosi. – Cinque anni che io e mezzo paese facciamo i comodi nostri con tua moglie e proprio ora e proprio con me te la vieni a pigliare?

– Ma chi ti vede?

– Mi vedi per spararmi, mi vedi per fare minnitta delle mie galline...

– Io? Io?!

– Sì, tu. Scannarmi mezzo pollaio è cosa di gente meschina come te, è come se tu ci avessi messo la firma. E che volevi? Soldi? Me li potevi domandare e io te li davo. Il comodo mio con tua moglie ero pronto a pagarlo, che ti credevi? Ora però puoi crepare, una lira non la vedi manco se ti fai il sangue. Prima ti scasso la faccia e poi ti mando in galera. E siccome sei recidivo ci puoi fare casa e bottega.

– Mi mandi in galera per poterti godere meglio mia moglie? Ma chi ti dice niente? O mi vuoi proibire anche a me di bagnarci il pane ogni tanto?

– Tu a quella gran cajorda di Giovannina glielo puoi fare uscire dal naso!

– E allora?

– E allora che?

Si fermarono, insieme, imparpagliati. Il discorso non quagliava, stava prendendo una strada diversa da quella che voleva Vito, questo Peppi era una volpe che voltava le carte come gli pareva.

– Aspetta – disse Peppi come se gli venisse un pensiero, avvicinandosi alla finestra e guardando fuori. Sorridendo tornò vicino alla tavola, con comodo ci posò sopra il coltello, si tirò indietro senza levare gli occhi da Vito, le braccia conserte, fino ad appoggiarsi nuovamente con le spalle al muro.

– Che è questo teatro? – domandò impressionato Vito.

– Me lo potevi dire prima – fece calmo Peppi – che ti eri portato appresso la testimonianza. Fuori ci sono due che parlano e talìano la casa. Allora, Vituzzo, fatti coraggio, che croce vuoi tirarmi sopra? Che devono andare a contare questi due? Che fai, Vituzzo, mi ammazzi tu, mi fai ammazzare da questi due o mi fai dare trent'anni?

Non aveva finito di parlare che con un passo aveva di nuovo in mano il coltello, però lo teneva dalla parte della lama, allungando il braccio verso Vito.

– Piglialo – disse. – È tuo. Tocca a te.

– Allora mi dai ragione? Sei stato tu a...

– No. Io non ti ho fatto niente. Però il coltello lo devi tenere tu, è più giusto. Se lo continuo a tenere io, succede confusione.

– La confusione ce l'hai nelle corna – disse Vito che da cinque minuti non capiva niente di quello che l'altro andava facendo. – E non mi provocare, Peppi, con questo coltello, che se veramente lo prendo mi comprometto.

– Prima però mi devi dire perché. Perché io ti giuro, e non ho niente da perderci, che non sono stato io, e tu lo sai, né a spararti né a fare alle tue galline quello che dici tu. Ora parla.

Vito gli inchiodò gli occhi negli occhi, come se volesse trapanarglieli, e nello stesso momento, dallo sguardo fermo di Peppi, capì che stava sbagliando tutto. A fare un salto alla finestra questa volta fu lui. Fuori c'era un uomo che non aveva mai visto in paese, un forestiero, pareva un cane di ferma. Si vede che l'altro suo compare, quello che aveva visto Peppi, si era nascosto, magari l'aspettava dietro la porta. La paura vera, pesante come una cappa, che fino a quel momento era riuscito a tenere lontana, gli cadde addosso: lucidamente si rese conto che col gettare la croce sopra a Peppi faceva menzogna prima di tutto a se stesso, che fin dal primo momento aveva sempre pensato che Peppi nella storia non c'entrava, ma che lui aveva finito per crederci come uno malato di tumore si vuole persuadere che soffre solo di un raffreddore.

– Non parli? – domandò Peppi alle sue spalle. – E allora parlo io.

Aprì un cassetto della tavola, ci mise dentro il coltello, s'assittò. Vito rimase alla finestra.

– Quando ero dentro, mia madre dopo un anno mi

venne a dire che Giovannina aveva pigliato la via dell'aceto. Non ci volevo credere, mia madre non aveva mai avuto simpatia per mia moglie. Poi altri amici mi vennero a contare la stessa cosa. Cosa potevo fare? Avevo le mani legate, e ho dovuto mangiare veleno. Io non l'ho più voluta vedere, le ho fatto sapere che se veniva a trovarmi, strumentiavo lo stesso il modo di ammazzarla, macari incatenato. Dopo qualche anno di galera, a Giovannina ho finito di pensarci, ogni tanto solo l'offesa mi cuoceva. Quando sono uscito, Corbo mi mandò a chiamare e mi disse che se avevo desiderio di mangiare carne di troia, la potevo andare a comprare a poco prezzo e che la macellazione clandestina era proibita. Ma un giorno che per combinazione me la sono trovata davanti, ho cominciato a perdere il sonno. Tutto il paese ci andava, e tu a fare il numero uno, e io no? Io che sulla carta era ancora cosa mia?

– Io ci sono andato dopo che ci erano andati gli altri – disse Vito.

– Non mi interessa. E così una notte sono andato a trovarla. Appena m'ha visto si è fatta bianca come la morte. «Non ti faccio niente» le ho detto. E lei, senza guardarmi, come una bestia s'è gettata sul letto e ha allargato le gambe. Ma prima sono uscito di nuovo fuori, e le ho detto di aprirmi la finestra, quella bassa. Da lì sono entrato quella notte, e da lì continuo ad entrare quando ci vado. Dalla finestra, come un amante. Siete tu e gli altri che entrate dalla porta, come fanno i mariti. A metterli le corna con Giovannina, a te e a tutto il paese, sono io a voi, e no voi a me.

Non parlò più. Avvicinò il piatto con le sarde, prese il pane, cominciò a mangiare come se l'altro non esistesse.

– Mi fai un favore? – disse tutt'insieme Vito.
– Che vuoi?
– Accompagnami a casa.
– Così facciamo ridere il paese – disse Peppi.
– Fammi questo favore, Peppi, non ce la faccio più.
– E quei due là fuori?
– Per questo voglio essere accompagnato. Io non li ho mai visti né conosciuti.
– L'onore me l'avete levato in tanti e ora tu, da solo e in un minuto, mi vuoi levare pure la dignità – disse Peppi mettendosi in bocca l'ultima sarda. – Andiamo.

All'una in punto le porte si aprirono e il santo uscì. Nel 1946, durante la prima domenica di settembre – la festa di San Calogero cadeva sempre quel giorno – per poco a S. E. Rev.ma Rufino mons. Luigi non era venuta una sincope. Sbattuto da pochi mesi ad Agrigento dalla natia e ormai a lui lontanissima Alessandria – pare che il suo cuore paterno avesse un po' troppo palpitato d'affetto per le brigate nere durante la repubblica di Salò: queste, dicevano le malelingue, le cause del trasferimento – aveva trovato qualche intoppo nell'esercizio del suo dovere di pastore d'anime. Dopo gli anni di privazione per colpa della guerra, la gente era troppo occupata a soddisfare il corpo per fare mente locale all'anima. Inoltre il bandito Giuliano faceva più danno della grandine; bande armate di separatisti scarrozzavano per strade e trazzere; gli americani aumentavano la confusione persuadendo contadini e pastori e pescatori a entrare nella chiesa evangelica, dove si fumavano Camel a volontà e si aveva diritto a due pacchi di viveri al giorno; la lotta politica si accendeva nel vero senso del termine, in quanto le vampate della lupara e gli incendi dei raccolti bruciati per vendetta illuminavano regolarmente i contrasti di idee. Ma la cosa che aveva dato il colpo di grazia a S. E. era stato l'assistere alla festa.

– Questo è un rito pagano! – aveva ad un certo momento gridato al parroco che si era sentito aggelare.

Sinceramente, però, non gli si poteva dare torto. Appena spalancate le porte della chiesa, mentre scoppiavano i mortaretti – una maschiata sapientemente condita per l'occasione con residuati di guerra – la vara era stata messa in bilico sul primo scalone da dodici scaricatori del porto e quindi, con una concorde spinta, fatta scivolare lungo i quindici gradini fino alla piazza dove, a bloccare il santo che pericolosamente barcollava, c'erano altri dodici scaricatori, tutti a piedi nudi, i fazzoletti variopinti annodati dietro la nuca, le camicie sbottonate fino al bellìco, un'ampia fascia colorata a reggere i pantaloni. Alla comparsa del santo un urlo si era levato dalla folla – e chi ficimu? Nu scurdamu? Ebbiva San Calò! – che alle orecchie di S. E. dovette suonare terrorizzante nella sua incomprensibilità e nel suo furore come il grido di guerra dei turchi ai primi crociati, quindi i quindici tamburinari scelti, nella stessa tenuta degli scaricatori, attaccarono di gran gana. Quando la vara era stata fermata dopo aver minacciato di sfondare le vetrate del caffè di Masino, decine di persone urlanti vi si erano contemporaneamente precipitate sopra, iniziando brevi ma furibonde litigate. Erano corsi i carabinieri a portare ordine, a stabilire turni. Si erano formati così diversi gruppi familiari che, aspettando di salire sulla vara, si scambiavano malocchiate e gastime; una volta raggiunto il posto desiderato, si mettevano in posa i bambini accucciati ai piedi del santo, il capofamiglia da un lato, il braccio amichevolmente messo attorno alle spalle della statua, la moglie con la borsetta fra le mani dall'altro. Mentre il fotografo col treppiedi scattava, i membri della famiglia ritrattata chiedevano la grazia e dicevano all'orecchio del santo la promessa: ma questo non se ne dava conto, gli occhi sul libro rosso che teneva aperto nella destra, la mano sinistra stretta attorno a un nodoso bastone, la testa non alzava mai, non dava confidenza. Finite le fotografie, i portatori avevano sollevato senza sforzo la pesantissima vara e caricatasela sulle spalle avevano pigliato il fuiuto. Il santo – si sapeva – sempre di prescia camminava, sempre tante cose da fare aveva. Avanti si erano messi i preti, le tonache al vento, obbligati a tenere quel passo di bersagliere, dietro venivano i tamburinari scatenati e dietro ancora i fedeli. Dai balconi parati con le coperte ricamate, quelle della dote, pioveva giù il pane tagliato a fette, una foresta di mani – i poveri correvano a centinaia dai paesi vicini – nasceva e scompariva ad ogni gettata, una vociata di ringraziamento rintronava. Ogni tanto un suono di campanella avvertiva i portatori che c'era da ricevere un'offerta particolare, il santo si fermava a malapena, data la rincorsa gli scaricatori facevano come i cavalli in discesa, il corpo indietro e le gambe avanti, sulla strada scendeva il graziato e appuntava la promessa in biglietti di banca ai lunghi nastri rossi e azzurri che pendevano dalle braccia della statua. Quando i nastri erano tutti pieni come la carta moschicida in un palmento, uno del comitato prendeva un sacco e vi stipava dentro i soldi. I proprietari delle taverne erano tenuti a non chiudere bottega – una volta che Pietro Savio ci aveva tentato, con le aste della vara a catapulta gli avevano fatto saltare la porta – se i portatori si decidevano a fermarsi, toccava loro vino a volontà, gratis, e un bicchiere spettava di diritto al santo: dopo tre o quattro fermate, a furia di spalmargli gocce di vino sulle labbra finiva che dalla bocca di San Calogero cominciava a colare un filo rosso. Col vino che gli usciva dalla bocca e il passo barcollante dei portatori, verso le cinque del doppopranzo cominciava a parere un ubriaco che non reggeva il carico. A volte uno dei portatori, oppure uno della folla, ispirato, faceva voci che il santo sentiva caldo, non lo vedevano che sudava tutto? Bisognava allora asciugarlo: si fermavano, calavano la vara, tiravano fuori un fazzolettone a pallini, glielo passavano con forza sulla faccia. Quel giorno S. E., che si sentiva veramente pigliato dai turchi, si accorse che uno dei portatori, il più acceso di fede, stava asciugando la faccia del santo con un gatto vivo, agguantato mentre se ne stava sul davanzale di una finestra bassa, un gatto che miagolava e graffiava.

Intanto, mentre la processione lasciava le vie del centro, dove abitavano le persone civili, per andare verso i vicoli di periferia – sempre a passo di carica, dopo ore e ore di faticata, e ancora le madri dovevano scansare i figli piccoli per non farli travolgere – il santo cominciava a fare le sue spettacolose acrobazie per entrare in certe stradette strettissime, si metteva di traverso, di tre quarti, sottosopra, ma comunque finiva per passare dove c'era qualche malato che ne aspettava con ansia l'arrivata. E via via che la vara penetrava verso le strade dei poveri – chiamate per disperazione dagli stessi abitanti con nomi dolcissimi, vicolo del miele, salita dello zucchero, piazzetta del paradiso – si appesantiva di grappoli di bambini, bambini sordomuti, bambini rognosi, bambini con gli occhi pisciati, bambini con la guàllara. Ma le già forti sofferenze di S. E. erano destinate, verso sera, ad aumentare. Un reparto di soldati negri, che gli americani avevano lasciato a guardia non si sa di che cosa, appena in libera uscita tutt'insieme si fecero largo nella processione. A vedere un santo con lo stesso colore della loro pelle, i negri impazzirono di colpo. Tre tirarono fuori il mitra e si misero a correre davanti ai preti sparando in aria, uno si mise a suonare la tromba che pareva Armstrong, quattro o cinque, a modo loro, i tamburi, gli altri pigliarono a fare fantasia, ballando e cantando, dopo avere coperto i nastri di dollari. A un certo momento domandarono macari di poter portare la vara, e gli scaricatori non si fecero pregare, forse perché il dispiacere di dover tanticchia lasciare il santo venne prontamente compensato con buona moneta degli stati. Quando i portatori, momentaneamente liberi, si strinsero attorno a S. E., acclamandolo, questi si accorse, con terrore, che tutti indistintamente portavano appuntato sulla camicia grigia di sudore il distintivo del partito comunista. Poi ci fu lo scandalo finale. Al tramonto, al momento di rientrare in chiesa per la solenne funzione serale, S. E., che aspettava l'arrivata in piedi davanti alle porte, vide con stupore la processione fare tutt'insieme dietro front e sparire dietro l'angolo. Il parroco, che durante quel pomeriggio, sotto le occhiate di S. E., era invecchiato a vista, tentò di spiegargli che evidentemente il santo non se la sentiva di tornare in chiesa, che tanto usciva una volta all'anno, e si vede che gli era venuto desiderio di fare un altro giretto sul molo. Del resto quello era un fatto non tradizionale, per amor del cielo!, ma che di tanto in tanto succedeva. S. E., fuori dalla grazia di Dio, prese a chiamare con tutto il suo fiato i carabinieri e questi, con le buone e con le cattive, riuscirono a convincere il santo a tornarsene in chiesa. Il giorno dopo S. E. fece sapere che da quel momento in poi i comunisti non avrebbero più dovuto portare la vara, che il pane non doveva più essere buttato dai balconi, che le offerte in denaro era meglio consegnarle personalmente al parroco e che appena vedeva che qualcuno faceva bere un goccio di vino a San Calogero faceva scomunicare l'intero paese. Fu così che cominciò la lunga guerra fra i fedeli di San Calogero e S. E. Rufino.

E macari quando questo finì col ripensarci, dopo qualche tempo, sugli usi e i costumi dei siciliani, proclamando soprattutto a destra e a manca che la mafia era una maligna invenzione dei giornali del nord, su di una cosa non volle sentire ragioni e cioè che un santo, in quanto tale, fosse oggetto di costumanze tanto pagane. Si raggiunse però un accordo: il santo, prima di essere fatto volare dai gradini, veniva dai preti declassato a comune mortale, gli levavano la spera dalla testa e non lo accompagnavano per il paese. La vera processione, quella riconosciuta dal vescovo, avveniva la sera, quando, di ritorno dai suoi ultimi giretti sul molo, al santo veniva di nuovo messa in testa la spera: ma la voce popolare diceva che di quella processione serale, tanto composta, con dietro solo qualche vecchio e le signore civili, San Calogero si stufava fino alle lagrime.

«Finché tiene, tutto come se non fosse assolutamente successo niente» si impose ancora una volta Vito aprendo l'armoir per tirare fuori il vestito scuro della festa.

Se, affacciandosi al balcone per vedere passare il santo, si mostrava con addosso l'abito di tutti i giorni, la gente avrebbe avuto motivo di sparlare, avrebbe potuto sostenere che lui non aveva più testa per certe cose, pigliato com'era da altri pensieri. Il vestito aveva bisogno di una stiratina, ma non se ne incaricò, l'ultima volta che l'aveva messo era stato cinque giorni prima, al matrimonio di Vincenzino Mannarà – cinque giorni, e di colpo gli parse un fatto accaduto cento anni addietro – e lui c'era dovuto andare per forza, perché al ricevimento nel caffè di Masino aveva partecipato il paese intero, dal sindaco al dottor Scimeni a tre o quattro scaricatori di porto, dato che Vincenzino, appartenendo alla famiglia più ricca, ci teneva a passare per democratico.

Occupato a vestirsi, riuscì per un momento a scancellare dalla mente la cosa che gli stava capitando, tanto da potere tutt'insieme tirare un respiro profondo e sentirsi allargare i polmoni, un respiro ladro d'aria, come certe volte faceva in campagna di prima matina: se ne era già accorto in casa di Peppi monacu che, dopo la botta del nuovo spavento, gli stava calando addosso come una specie di pace indifferente.

«Dice che qualche minuto prima di morire uno si sente così» pensò «o forse perché hanno ragione gli arabi che quando è destino è destino».

Vedendosi allo specchio, in mutande e canottiera, volle però essere ancora più sincero con se stesso, e diede via libera a un terzo pensiero, che gli era subito venuto per primo, ma che aveva apposta ricacciato giù, e cioè che forse, come al dolore, c'è anche un limite alla paura, oltre il quale non si può andare, ed è così che, certe volte, i vigliacchi finiscono per diventare coraggiosi. Stava mettendosi la giacchetta quando sentì come un raspare leggero alla porta, e si fermò, tendendo l'orecchio. Il rumore si ripeté, era un bussare piano, non c'era dubbio, forse un amico o forse lo sa Dio chi. Andò ad aprire.

– Posso entrare? – domandò la vedova Tripepi, tenendo gli occhi a terra.

Vito si tirò di scatto di lato, era rimasto imparpagliato, tutto poteva pensare meno che trovarsi davanti la vedova. Appena la donna fu entrata, gli venne però un dubbio, non seppe risolvere se la porta era meglio lasciarla aperta o chiusa. Decise che era meglio accostarla a metà. Intanto la vedova era arrivata in mezzo alla càmmara, non si taliàva attorno, camminava che pareva una sonnambula e non cominciava a parlare. Quando finalmente aprì la bocca, macari Vito aveva aperto la sua, e tutti e due fecero un suono che non si capì.

– Vuole accomodarsi? – ripigliò Vito dopo un attimo.

– No, grazie, non si scomodi, scappo via subito – rispose la vedova tentando di nascondere con la cerimoniosità l'evidente imbarazzo.

– Volevo solo farle sapere una cosa – continuò prendendo fiato. – Gliela volevo dire stamatina, ma non so come non l'ho vista né entrare né uscire...

– Ho dormito fuori, sono tornato a casa tardi – tagliò Vito.

– Ah! L'altra notte, quando le... quando hanno sparato, io... io stavo al balcone, non so se lei passando...

– Io l'avevo vista – disse Vito brusco – e per questo ieri mi sono permesso, proprio perché volevo sapere.

– Ecco – fece la vedova – mi sono ricordata di una cosa. Poco prima che lei tornasse, in fondo alla piazza si erano fermate due persone. E dopo non c'erano più.

– Beh – fece Vito – macari, due che non c'entrano, sa, sentendo sparare a due passi di distanza, pure se hanno la coscienza di Gesù bambino...

– Ma sono tornati ieri sera. Ed erano gli stessi, glielo posso assicurare, perché quando li ho rivisti mi sono accorta che uno dei due zoppichiava e allora mi sono ricordata che macari la sera prima ce n'era uno che pure zoppichiava.

La gola troppo secca per parlare, Vito pigliò a fare meccanicamente di sì con la testa. Mammarosa non si era sbagliato.

– Lei – domandò timidamente la vedova – lo sapeva già?

– Sì – poté dire Vito.

– E cosa pensa di fare?

Vito allargò le braccia in silenzio. Finalmente fissandolo, la vedova venne come presa dalla premura.

– Devo andare – disse – la processione sta arrivando e io ho promesso dieci chili di pane a San Calogero. Cinque per me e, se mi permette, cinque per lei – concluse in un soffio di voce.

Stettero un attimo gli occhi negli occhi, poi Vito di nuovo allargò le braccia. La vedova gli fece allora un cenno di saluto con la testa e uscì, passandogli davanti senza più taliàrlo. Vito aspettò di sentire il rumore dell'altra porta che si chiudeva prima di accostare, delicatamente, la sua e correre al balcone. Avanti di chinare lo sguardo in giù verso la processione che di corsa si avvicinava, rimase a vedere la vedova Tripepi che si affannava a disporre due ceste di pane tagliato su di uno sgabello.

– Grazie – disse a voce alta alla donna, senza però curarsi se quella lo stava a sentire – grazie di quello che stai facendo per me – e, seguendo le prime fette di pane che la vedova aveva preso a gettare verso la folla, vide le mani levate, le bocche aperte a ringraziare. Il santo si era fermato proprio sotto il suo balcone, dal portone vicino stava uscendo don Rosario Mendolìa che agitava nella mano destra alzata un fascio di biglietti da diecimila. Si rese conto, a poco a poco, che anche la sua mano destra, dentro la sacchetta della giacca, stava stringendo qualcosa, come un cartoncino rettangolare. Lo tirò fuori a studiarlo. Era una cartolina postale, rappresentava una specie di casermone, a una finestra del secondo piano c'era segnata, a penna, una crocetta. La voltò. Non esisteva traccia di francobollo, nessun indirizzo, si vede che era stata spedita dentro a una busta: «pensami ogni sera, come ogni sera ti penso io da questa stanza» c'era scritto, e niente altro, manco la firma. Tornò a rivoltarla, stonato. La cartolina sicuramente non gli apparteneva, ma come aveva fatto a finire nella sua sacchetta? Un attimo dopo, ricordò. Proprio cinque giorni avanti, dovendo andare al matrimonio, aveva deciso di passare prima dalla campagna, già con il vestito scuro. Facendo il giro della vigna, si era accorto che qualche figlio di buttana era venuto durante la notte a fare i comodi suoi: due o tre piante, tutt'intorno, erano state spezzate, della racina ne avevano fatta minnitta. Una cosa di barbari, e senza scopo visibile. Mentre stava a santiare contro quei figli di troia, si era accorto che proprio da sotto una pianta spezzata veniva fuori un pezzo di cartone: era la cartolina che ora teneva nella mano, perduta evidentemente da qualcuno di quelli che gli avevano fatto quel bel servizio. Se l'era messa in sacchetta e lì se l'era scordata. Anzi no, ricordava che al matrimonio l'aveva di nuovo tirata fuori, gli era passato in mente per un momento di farla vedere a Masino. L'aveva appoggiata al tavolino dove era assittato con altri amici, poi, non vedendo più Masino, l'aveva rimessa in sacchetta. Ora, studiandola meglio, gli parse che quel casermone gli ricordasse qualcosa. Strinse gli occhi, come per vederci meglio. E tutt'insieme, nella luce accecante che gli scoppiava dentro il cervello, si rappresentò una parete del salotto del dottor Scimeni, e sulla parete un calendario, e sul calendario un casermone identico, lo stesso preciso e sotto scritto *Istituto ortopedico Santa Rita*, barcollò, si aggrappò alla ringhiera per non crollare, ora sapeva che quella notte gente era venuta nella sua campagna non a rubare racina ma per altro, per qualche cosa che non voleva immaginare, come si chiamava quel pastore, ah, Mirabile Gaetano, e vide con chiarezza che le macchie scure sulle pàmpine, sul terreno vicino alle vigne devastate non erano di vino, come aveva voluto credere, come aveva desiderato di credere, ma di sangue, sangue vivo che era corso, non era più possibile sperare la grazia d'un dubbio, e lui quella prova di quell'omicidio sul suo terreno l'aveva come mostrata in giro al matrimonio e gli altri chissà che avevano creduto, che lui voleva fare lo sperto, che lui voleva trovarci il suo tornaconto, che lui aveva il coraggio di minacciarli e non avevano perso tempo a mandargli un avvertimento, un segnale, e poi il tananai della festa –

che mentre stava a taliàre la cartolina era diventato solo un ronzìo – gli sparò nelle orecchie assordandolo, non seppe se stesse in quel momento pure lui gridando, tutte quelle mani alzate non erano più per ricevere il pane ma il suo corpo che cadeva e cadeva e cadeva diventato di pietra.

– Ticche-Tacche se ne è partito con la Millecento di Giovannino. È tornato all'alba dalla campagna di Vito che pareva diventato gallina macari lui, tanto era pieno di penne e di piume.
– Ma chi glielo ha detto di mettersi a scannare galline come uno scassapagliaro qualsiasi?
– Nessuno. Giovannino conta che stanotte, quando Ticche-Tacche ha visto che Vito aveva sentito puzza di bruciato e non veniva, gli ha preso la rabbia. Tremava tutto e macari cose senza senso diceva. Così, tanto per farsi sfogo, gli è venuto in mente di andare a fargli lo sfregio delle galline.
– Ma che è, pazzo?
– Io dico di sì, e pure Giovannino lo pensa, ma a don Pietro non c'è verso di farlo persuaso.
– Allora che dobbiamo fare?
– Don Pietro mi manda a dire che sarebbe ora che tu a Vito ci cominciassi a pensare.
– Ci penso, ci penso, altro che se non ci penso.
– Lasciami finire. Dice che lui ti ha voluto stare a sentire e va bene, a Vito gli ha fatto tirare le orecchie. Ma che se stava per lui, a quest'ora con Vito ci si poteva par-

lare solo con il tavolino a tre gambe. Dice macari che due avvisi come quelli che ha avuto Vito bastano e superchiano per fare venire il comprendonio a un bambino di un anno e che se Vito non ha ancora capito, vuol dire che è intenzionato fermo a non capire.

– Concludi.

– Concludo. Don Pietro vuole sapere da te se tu ti chiami fuori, e allora la partita pensa lui a farla chiudere, oppure se la vuoi chiudere tu stesso.

– E come fa, ora che Ticche-Tacche se ne è partito?

– Amici se ne trovano sempre, non ti dare pensiero. In questo caso però don Pietro mi incarica di dirti che, a scomodare altre persone per una cosa che poteva restare in famiglia, gli viene pesante.

– La chiudo io.

– Possiamo stare tranquilli?

– Dicci a don Pietro che lo ringrazio per tutto quello che ha fatto per me e che visto che le cose sono andate come sono andate voglio avere io l'onore di servirlo come merita.

– Buone cose.

– Salutiamo.

– Ah, scusa, mi scordavo il meglio. Dice che se ci vuoi pensare tu, è meglio concludere entro stasera.

– Come fatto.

La processione era passata da un pezzo, nella piazza erano restati due cani a litigarsi una fetta di pane, quando Vito riuscì finalmente a spiccicare le mani dalla ringhiera – nella destra stringeva ancora la cartolina che si era bagnata di sudore e intorciniata – e a rientrare nella sua càmmara. S'assittò sul letto, adagio, faticando a piegare le ginocchia. Dunque non c'era più dubbio, era la cartolina che volevano e da due giorni stavano a domandargliela ora con le buone ora con le cattive. Ma chi la voleva?

Scimeni in qualche modo c'entrava e macari Carmela, sua figlia, quelle parole poteva averle scritte solamente lei, mentre si trovava in continente a farsi curare la gamba. L'aveva mandata a qualcuno con cui se l'intendeva e questo qualcuno, mentre nella sua campagna ammazzava a Mirabile, l'aveva persa. Buttarla subito nel cesso e tirare la catena, era l'unica. Ma gli altri ci avrebbero creduto? Sapevano che ce l'aveva lui, valli a convincere che di tutta quella storia voleva fare come Pilato, scordarsela una volta e per sempre. Oppure correre da Scimeni, dargli la cartolina, dirgli tante scuse per il disturbo e andarsene. E quello, che sapeva che lui sapeva, lo faceva sparare lo stesso, perché non andasse in giro a raccontarlo.

Andare da Corbo nemmanco a pensarci, l'avrebbero ammazzato a un metro dalla caserma. E poi quelle non erano cose da ricorrere alla legge, erano cose troppo grosse, cose da sbrogliarsi mettendo in mezzo gli amici. Masino. La meglio era Masino, farsi dare un consiglio. Si alzò, aprì il cassetto del comodino, tirò fuori una vecchia «Smith & Wesson» a cinque colpi e la considerò, pensandoci sopra. Era con la canna arrugginita, ci aveva sparato l'ultima volta sette anni avanti, per scherzo, giocando a tirassegno con gli amici. Da allora non l'aveva più pigliata in mano, manco per metterci l'olio. Dentro il caricatore a tamburo c'erano ancora tre colpi. Masino una volta gli aveva detto che, se uno si persuadeva a puntargli contro la pistola, era meglio che sparava subito, senza starci a pensare, perché diversamente era capace che gliela faceva mangiare nuda e cruda, senza companatico. Rimise a posto la pistola, chiuse il cassetto, si avviò verso la porta. Prima di uscire si fermò un momento, tornò indietro. Lui la pistola non l'avrebbe sicuramente scocciata, non c'era pericolo: ma, per il sì o per il no, a portarsela appresso, forse si sarebbe sentito meglio.

– A cani e a porci la faceva vedere, sangue di Dio, a cani e a porci!
– Calmati, Giovannino.
– Aveva ragione Ticche-Tacche, e a me mi pareva pazzo, che quella è gente che gli si deve schiacciare la testa come alle serpi, subito, altro che stare a sperare che si persuadano!
– Va bene, Giovannino, ora siediti e aspetta.
– Aspettare che? Che quello, dopo avere fatto la sparata di mettere in mostra la cartolina, la spedisce per posta a Corbo? O macari gliela porta di persona? Tanto oramai gli abbiamo lasciato intendere che lui può essere capace di tutto e noi di niente.
– Ora non esagerare. Don Pietro...

– Me lo sbatto, don Pietro. Con le amicizie che lui ha, può sempre contarla, dopo.

– Senza pisciare fuori dell'orinale. Siamo d'accordo? – disse basso il giovane, piegandosi verso l'altro.

Giovannino si rimise la coppola in testa – era sempre segnale di malo tempo quando se la levava – scosse il corpo come un cane dopo un acquazzone, parse diventato più calmo.

– Si può sapere perché non avvisi don Pietro? – domandò.

– Perché si sta facendo il suo quarto d'ora di sonno dopo mangiato e vuole sentirsi riposato per quando passerà il santo. Io non l'arrisveglio manco con l'ordine di chi. Appena apre gli occhi, gli parliamo.

Giovannino con sgarberia tirò verso di sé una sedia, s'assittò.

– Me la conti meglio, ora che ti sei calmato? – fece il giovane.

– E che ti devo dire di più? Eravamo tutti dietro la processione, quando il santo si è fermato sotto il balcone di Vito. Lui si è affacciato, calmo calmo, ha messo una mano in tasca, ha tirato fuori la cartolina e ci ha posato gli occhi sopra. Poi si è appoggiato alla ringhiera sempre con la cartolina nella mano, e si è messo a taliàrci in faccia tutti, a uno a uno. Tirava nel mazzo, capisci?

– E tu?

– Privo di Dio, se avessi avuto una pistola, gli avrei sparato!

– E avresti fatto una bella stronzata – disse don Pietro alle sue spalle.

Giovannino saltò come se avesse preso la scossa elettrica.

– A meno che, dopo, non ti sparavi macari tu – continuò indicando al giovane la bottiglia di latte che stava sulla credenza. – Perché se quella era una cartolina di suo cugino, di suo nonno, di chi minchia vuoi tu, allora come ti mettevi?

– Dovevate vederlo in faccia e come ci taliàva – si azzardò a dire Giovannino – per sapere se quella era la cartolina di suo nonno o no.

– Perché, tu ti regoli a secondo della faccia della gente? Andiamo buono, allora!

Assaggiò il latte e fece una smorfia, lo trovava troppo caldo, si lamentò col giovane che d'estate era un vero problema, a metterci il ghiaccio dentro o a tenerlo in frigorifero finiva che il sapore se ne andava. Né il giovane né Giovannino fiatarono.

– Tu delle cose saprai sempre la mezza messa – ripigliò dopo un pezzo don Pietro – perché sei un mezzo uomo. Sei fatto così, non c'è niente da fare, e con chi vuoi pigliartela? Se fossi uomo intero, la messa invece avresti diritto di saperla tutta.

– Ma quella cartolina...

– Quella cartolina vuol dire che Vito se la vuole ancora godere. E tu vuoi negare a uno che è malato grave il piacere di godersi quello che gli pare negli ultimi momenti di vita? Non sei giusto Giovannino, proprio non sei giusto.

– Ma io non sapevo... – cominciò balbettando Giovannino.

– Appunto. Non sapevi l'altra metà della messa – concluse don Pietro.

La collina di marna candida a strapiombo sul mare, appena fuori paese, era chiamata «Scala dei turchi» perché pare che nell'antichità i pirati saraceni vi facessero fermata, in attesa del vento a favore per le loro scorrerie a scappa e fuggi: ancora oggi, ogni tanto, affioravano fra le rughe della marna pezzi di ferro, chiodi e pallettoni mangiati dalla ruggine, resti di vecchie battaglie.

– Voglio parlarti da solo e in pace – aveva detto Vito entrando di corsa nel caffè.

Senza domandare spiegazioni, Masino aveva fatto segno al capocameriere di pigliare il suo posto dietro la cassa.

– Dove vuoi che andiamo?
– Dove dici tu.
– Forse è meglio andare fuori. Oggi, con la festa, è un vero bordello.

Si erano messi nella Cinquecento di Masino, avevano fatto la strada in silenzio. Ora stavano seduti su un grande scalone di marna a mezza costa. Sotto, il mare era rigato di verde, profondissimo.

– Ti sento – lo invitò Masino.
– La causa di tutto quello che mi sta succedendo da due giorni è qua – attaccò Vito – nella mia sacchetta.

Lo stuzzicadenti che Masino teneva in bocca si fermò dal suo andare e venire da un angolo all'altro.

– E il bello è – continuò Vito – che non so come tirarne fuori i piedi meglio che posso.

Ancora Masino non parlò.

– Il difficile viene ora. E tu mi devi essere d'aiuto.

– Sono qua, no? – fece finalmente mezzo spazientito Masino. – Vai avanti.

– Cercano una cartolina, una cartolina postale che ho trovato in campagna. Qualcuno l'ha persa quando hanno ammazzato Mirabile. È una prova.

– Come fai a sapere che Mirabile l'hanno ammazzato da te?

– Non ne sono sicuro. Però basta che vengono i carabinieri e considerano il terreno e fanno le analisi delle macchie di sangue...

– Ha piovuto – lo interruppe Masino – in questi giorni ha piovuto. E la cartolina, da te, può avercela portata il vento. Anzi, facciamo così, dammela.

Senza starci a pensare, Vito la cavò dalla sacchetta e gliela diede. Masino la pigliò, manco ci posò gli occhi sopra, principiò a stracciarla e poi aprì le mani, fece cadere i pezzetti di cartoncino in mare.

Solo allora si decise a taliàre Vito, una taliata fulminea come una fucilata a tradimento.

– Ecco – disse. – La storia è finita. La cartolina se l'è ripigliata il vento e l'ha portata all'acqua.

Parse di colpo stanco, tirò un sospiro e s'appoggiò con le spalle allo scalone di marna, chiudendo gli occhi.

Vito cominciò a cimiare, pareva un albero sbattuto dalla tempesta.

– Non avevi bisogno di taliàrla, la cartolina, per sapere quello che c'era scritto, vero? – domandò quasi senza voce.

Sempre con gli occhi chiusi, Masino fece di no con la testa. Ricuperando tanticchia di fiato dal fondo dei polmoni e sperando che la risposta fosse diversa da quella che oramai s'aspettava, Vito trovò la forza per un'altra domanda.

– Chi se l'intende con Carmela Scimeni?
– Io – disse Masino. E si alzò.
– Mirabile era uno che aveva sgarrato. È riuscito a scapparci, l'abbiamo ripigliato nella tua vigna. La disgrazia ha voluto la perdita della cartolina. E che tu la trovassi. Ho fatto portare il corpo di quel gran cornuto lontano per non farti avere fastidio. E ora tu e io ce ne torniamo in paese e ci godiamo la festa. Scòrdati della cartolina, di ogni cosa. Considera che è stata come una malatìa: stavi per perderci la vita poi, una decina di minuti fa, la fevri ti è caduta di colpo e ora stai meglio di prima. M'incarico io di dare a tutti la bella notizia che la salute ti è tornata. Andiamo, Vitù, facciamoci vedere come sempre, da amici.
– Tu amico mio?! – scattò Vito con una voce che non gli parse la sua. – Tu m'hai fatto sparare, m'hai fatto scannare le galline, m'hai fatto passare giornate d'inferno...
– Vito – l'interruppe fermo Masino. – Sono stato io a farti dare questi tre giorni di vita. Se non era per me, quelli ti avrebbero fatto ammazzare il giorno stesso del matrimonio quando, come lo stronzo che sei, hai tirato fòra la cartolina. Io sono andato da don Pietro,

da Scimeni a garantire per te, a farti dare tanticchia di tempo, ero convinto che la cartolina prima o poi me l'avresti consegnata. Ma se la cosa fosse andata diversamente, che minchia credi che avrebbero fatto a me, eh?

Per la prima volta nella sua vita, Vito cominciò a fare un gesto pericoloso con la ferma volontà di farlo. Lentamente, la sua mano destra si mosse verso la sacchetta dove teneva la rivoltella.

Avevano forato a metà strada fra il paese e la Scala dei turchi; lasciata la jeep, Corbo e Tognin si erano buttati come lupi sulla traccia della Cinquecento di Masino che invece di pigliare la provinciale aveva preferito accorciare camminando a ripa di mare. Il colpo di pistola rintronò vicinissimo, moltiplicato dall'eco, mentre si stavano già arrampicando sulla collina.

– Vai avanti, corri! – ordinò col fiato grosso Corbo a Tognin.

Questi fece un salto di scimmia, superò con una gambata un lastrone di marna, cadde su di un altro lastrone. Abbagliato dal sole, vide due sagome: una stesa a terra, l'altra inginocchiata vicino. Al vederlo comparire, l'uomo inginocchiato si alzò in piedi di colpo, mettendo avanti un braccio. Paralizzato dallo spavento, Tognin si accorse della vampata, sentì il colpo che gli fischiava nelle orecchie.

– Non sparare, Tognin, non sparare! – capì che Corbo gridava alle sue spalle, ma era troppo tardi, un'ondata di calore gli aveva tutt'insieme frustato le vene, il dito sul grilletto del mitra si mosse da solo.

L'uomo controluce buttò gambe e braccia in tutte le direzioni, per un attimo parse a Tognin un pupo tenuto a mezz'aria da fili invisibili, poi scomparì all'indietro.

– Due amici che, rispetto parlando, erano culo e camicia!

– E lei se ne meraviglia?

– Non me ne devo meravigliare?

– Quando c'è una fimmina di mezzo?

– Perché lei pensa?...

– Lo penso? Vogliamo babbiare? Come due e due fanno quattro. Garantito.

– Però, di questa fimmina, non se n'è mai saputo niente...

– E dovevano venirlo a dire a lei? L'uomo che gli piace il pelo sempre muto di lingua è.

– Ma come fa a esserne così sicuro?

– La modalità. La modalità del delitto.

– Mi perdoni, avvocato, non...

– Si ricorda la poesia di Martoglio? Mi pare che fa così: «Viditi quanto po' un pilo di fimmina! Per discorpanza della bella Angelica»...

– «Due paladini che son due pileri, son diventati due nemici feri». Me la ricordo, ma non vedo come...

– Mi scusi, ma secondo lei come si spiega il fatto che Masino ha ammazzato Vito e gli stava facendo mangiare la pistola, o quello che è, quando il carabiniere gli ha sparato? E come si spiega che per mettergliela dentro la bocca gli ha rotto le mascelle e scassato tutti i denti di davanti? Si spiega, egregio amico, con l'odio e tanto odio, fra due ch'erano amici, si spiega solo con la fìmmina di mezzo.

– Certo che messa così la cosa...

– E come la vuole mettere? Glielo dissi, mi pare, l'altro giorno. Qua da noi, si muore solo di corna.

Roma, aprile 1967-dicembre 1968

Mani avanti

Dopo tanti anni passati come regista di teatro, televisione, radio, a contare storie d'altri con parole d'altri, mi venne irresistibile gana di contare una storia mia con parole mie. Non mi passò manco per l'anticamera del cervello di provarmi in un testo per il teatro: molto giovane avevo scritto racconti e poesie, i primi pubblicati da quotidiani («L'Ora» di Palermo, «L'Italia socialista» di Roma), le seconde da autorevoli riviste letterarie («Mercurio», «Inventario», «Momenti») o raccolte in antologie (tra tutte, *I poeti del Premio Saint-Vincent* a cura di Ungaretti e Lajolo, edita da Mondadori nella collana «Lo Specchio»). Volevo in qualche modo ripigliare un discorso interrotto. La storia la congegnai abbastanza rapidamente, ma il problema nacque quando misi mano alla penna. Mi feci presto persuaso, dopo qualche tentativo di scrittura, che le parole che adoperavo non mi appartenevano interamente. Me ne servivo, questo sì, ma erano le stesse che trovavo pronte per redigere una domanda in carta bollata o un biglietto d'auguri. Quando cercavo una frase o una parola che più si avvicinava a quello che avevo in mente di scrivere immediatamente invece la trovavo nel mio dialetto o meglio nel «parlato» quotidiano di casa mia. Che fare? A parte che tra il parlare e lo scrivere ci corre una gran bella differenza, fu con forte riluttanza che scrissi qualche pagina in un misto di dialetto e lingua. Riluttanza perché non mi pareva cosa che un linguaggio d'uso privato, familiare, potesse avere valenza extra moenia. Prima di stracciarle, lessi ad alta voce quelle pagine ed ebbi una sorta d'illuminazione: funzionavano, le parole scorrevano senza grossi intoppi in un loro alveo naturale. Allora rimisi mano a quelle pagine e le riscrissi in italiano, cercando di riguadagnare quel livello d'espressività prima raggiunto. Non solo non funzionò, ma feci una sconcertante scoperta e cioè che le frasi e le parole da me scelte in sostituzione di quelle dialettali appartenevano a un vocabolario, più che desueto, obsoleto, oramai rifiutato non solo dalla lingua di tutti i giorni, ma anche da quella colta, alta. Ero a questo punto, quando tornai a imbattermi nel gaddiano *Pasticciaccio*: credo, malgrado qualche critico abbia scritto il contrario, di non dover nulla a Gadda, la sua scrittura muove da assai più lontano, ha sottili motivazioni e persegue fini assai più ampi dei miei. Molto devo invece al suo esempio: mi rese libero da dubbi ed esitazioni. E così, a 42 anni, il primo aprile (lo feci apposta, è il giorno degli scherzi) del 1967 cominciai a scrivere il mio primo romanzo, questo. Lo terminai il 27 dicembre del 1968: un anno e nove mesi per poco più di un centinaio di pagine ognuna delle quali riscritta non meno di quattro-cinque volte. Lo considerai un discreto avvio per una ricerca di linguaggio certamente lunga e difficile. Nel gennaio del 1969 lo diedi a leggere al mio amico Dante Troisi, magistrato e scrittore (meglio: scrittore e magistrato). Gli piacque molto e mi consigliò di passarlo a Nicolò Gallo, altro mio amico. Nicolò era un critico di straordinaria intelligenza e di alto rigore morale: se il mio romanzo non l'avevo fatto leggere a lui per primo è perché temevo il suo giudizio. Confortato, sospinto da Troisi trovai il coraggio di telefonargli. Affettuosamente interessato, volle che gli portassi il dattiloscritto nella stessa giornata. E quindi sparì, letteralmente, per tre mesi. Inquieto, gli telefonai, gli dissi che non intendevo perdere la sua amicizia per un romanzo che non gli era piaciuto, facesse finta di non averlo mai ricevuto. Volle vedermi subito. Sulla sua scrivania c'era il mio dattiloscritto con allato una piccola pila di fogli fitti d'appunti. Mi spiegò che aveva letto il mio romanzo tre volte: voleva essere certo che non facessero velo al suo giudizio l'amicizia e l'affetto. L'aveva molto apprezzato, mi fece alcune osservazioni (che appena tornato a casa appuntai) e quindi mi disse, lasciandomi basito di gioia, che l'avrebbe proposto alla Mondadori per la pubblicazione. Nicolò, oltre ad essere consulente di quella casa editrice, ne dirigeva, con Vittorio Sereni, una collana di narratori, poeti e saggisti italiani. Mi fece noto però che il libro non sarebbe stato edito prima di due anni. Nell'estate del 1971 Nicolò morì improvvisamente. La collana da lui diretta cessò le pubblicazioni. Intanto io non ero stato più capace di scrivere altro, mi sentivo bloccato: era indispensabile che quel mio romanzo vedesse in qualche modo la luce. Lo inviai a un concorso, il «Rapallo-Prove» organizzato da uno scrittore, Nino Palumbo. Venne segnalato e Palumbo mi scrisse che il libro gli era parso buono e che l'avrebbe fatto stampare dall'editore Lacaita. Passarono altri mesi in vana attesa, poi mi decisi a telefonare a Lacaita il quale mi rispose che non aveva in mente di pubblicare opere di narrativa, era solo un pio desiderio di Palumbo. Franco Scaglia s'offrì di segnalarlo a Marsilio: anche in quest'occasione il silenzio durò mesi e venne rotto da un rifiuto netto. Da Bompiani ebbi pure un bel no, un altro no da Garzanti, un terzo no da Feltrinelli. E da altri. Gli Editori Riuniti si mostrarono di diverso avviso: mi scrissero che avrebbero pubblicato il romanzo. Poi, dopo quasi un anno, la direzione editoriale cangiò e il nuovo direttore, Ferretti, che andai a trovare a Milano, mi comunicò a voce che il mio romanzo non s'accordava con la linea che aveva deciso d'imprimere alla casa editrice. Avevo toccato il limite della mia resistenza e decisi di non importunare più nessuno. Evidentemente scrivere non era cosa mia, meglio continuare a fare il regista. Quando in radio s'inventarono «Le interviste impossibili», Lidia Motta, responsabile dei programmi radiofonici di prosa, insistette perché io ne scrivessi due. Lo feci e vennero pubblicate da Bompiani nei due volumi editi rispettivamente nel '75 e '76. Mi accorsi che la mia scrittura era migliorata, più propria, più calibrata. Ma a chi poteva importare? Dante Troisi propose il romanzo come soggetto cinematografico a Sergio Amidei che lo giudicò inadatto perché poco violento (testuale).

Tornò alla carica in televisione e la sua proposta fu accettata. Cominciò a sceneggiarlo con Ninì Suriano, in arte Antonio Saguera, pure lui magistrato. Qualche giornale ne diede notizia e si fece avanti un editore a pagamento, Lalli, facendomi la proposta di pubblicare il libro senza che io sborsassi una lira (del resto non l'avrei mai fatto) purché nei titoli di coda apparisse il nome della sua casa editrice. La riduzione televisiva in tre puntate, diretta da Pino Passalacqua, venne intitolata *La mano sugli occhi*: parve più accattivante dell'originale. Il romanzo, col suo vero titolo, *Il corso delle cose*, venne stampato da Lalli nel settembre 1978, dopo quasi dieci anni che avevo finito di scriverlo. Anni nei quali, a parte le due interviste impossibili, ero stato io nell'impossibilità di scrivere altro.

Questo romanzo è praticamente inedito, non ebbe infatti distribuzione. Ne circolò qualche copia semiclandestina. Qualcuno che ne sia in possesso, potrà notare qualche differenza tra questa edizione e quella di Lalli: qui troverà dialoghi, parole, verbi, frasi, scene, che potranno sembrare una specie di «aggiornamento» del mio linguaggio. Le cose non stanno così: queste «novità» sono una restituzione del dattiloscritto originale e, in parte, il risultato delle osservazioni che mi furono fatte da Nicolò Gallo.

A. C.

Indice

Il corso delle cose   7

Mani avanti   139

Questo volume è stato stampato
su carta Palatina
delle Cartiere Miliani di Fabriano
nel mese di settembre 1999
presso la Leva Arti Grafiche s.p.a. Sesto S. Giovanni (MI)

La memoria

1 Leonardo Sciascia. Dalle parti degli infedeli
2 Robert L. Stevenson. Il diamante del Rajà
3 Lidia Storoni Mazzolani. Il ragionamento del principe di Biscari a Madama N.N.
4 Anatole France. Il procuratore della Giudea
5 Voltaire. Memorie
6 Ivàn Turghèniev. Lo spadaccino
7 Il romanzo della volpe
8 Alberto Moravia. Cosma e i briganti
9 Napoleone Bonaparte. Clisson ed Eugénie
10 Leonardo Sciascia. Atti relativi alla morte di Raymond Roussel
11 Daniel Defoe. La vera storia di Jonathan Wild
12 Joseph S. Le Fanu. Carmilla
13 Héctor Bianciotti. La ricerca del giardino
14 Le avventure di Giuseppe Pignata fuggito dalle carceri dell'Inquisizione di Roma
15 Edmondo De Amicis. Il "Re delle bambole"
16 John M. Synge. Le isole Aran
17 Jean Giraudoux. Susanna e il Pacifico
18 Augusto Monterroso. La pecora nera e altre favole
19 André Gide. Il viaggio d'Urien
20 Madame de La Fayette. L'amor geloso
21 Rex Stout. Due rampe per l'abisso
22 Fiòdor Dostojevskij. Il villaggio di Stepàncikovo
23 Gesualdo Bufalino. Diceria dell'untore
24 Laurence Sterne. Per Eliza
25 Wolfgang Goethe. Incomincia la novella storia
26 Arrigo Boito. Il pugno chiuso
27 Alessandro Manzoni. Storia della Colonna Infame
28 Max Aub. Delitti esemplari
29 Irene Brin. Usi e costumi 1920-1940
30 Maria Messina. Casa paterna
31 Nikolàj Gògol. Il Vij
32 Andrzej Kuśniewicz. Il Re delle due Sicilie
33 Francisco Vásquez. La veridica istoria di Lope de Aguirre
34 Neera. L'indomani
35 Sofia Guglielmina margravia di Bareith. Il rosso e il rosa

36 Giuseppe Vannicola. Il veleno
37 Marco Ramperti. L'alfabeto delle stelle
38 Massimo Bontempelli. La scacchiera davanti allo specchio
39 Leonardo Sciascia. Kermesse
40 Gesualdo Bufalino. Museo d'ombre
41 Max Beerbohm. Storie fantastiche per uomini stanchi
42 Anonimo ateniese. La democrazia come violenza
43 Michele Amari. Racconto popolare del Vespro siciliano
44 Vernon Lee. Possessioni
45 Teresa d'Avila. Libro delle relazioni e delle grazie
46 Annie Messina (Gamîla Ghâli). Il mirto e la rosa
47 Narciso Feliciano Pelosini. Maestro Domenico
48 Sebastiano Addamo. Le abitudini e l'assenza
49 Crébillon fils. La notte e il momento
50 Alfredo Panzini. Grammatica italiana
51 Maria Messina. La casa nel vicolo
52 Lidia Storoni Mazzolani. Una moglie
53 Martín Luis Guzmán. ¡Que Viva Villa!
54 Joseph-Arthur de Gobineau. Mademoiselle Irnois
55 Henry James. Il patto col fantasma
56 Leonardo Sciascia. La sentenza memorabile
57 Cesare Greppi. I testimoni
58 Giovanni Verga. Le storie del castello di Trezza
59 Henryk Sienkiewicz. Quo vadis?
60 Benedetto Croce. Isabella di Morra e Diego Sandoval de Castro
61 Diodoro Siculo. La rivolta degli schiavi in Sicilia
62 George Meredith. La vicenda del generale Ople e di Lady Camper
63 Bernardino de Sahagún. Storia indiana della conquista di Messico
64 Andrzej Kuśniewicz. Lezione di lingua morta
65 Maria Luisa Aguirre D'Amico. Paesi lontani
66 Giuseppe Antonio Borgese. Le belle
67 Luisa Adorno. L'ultima provincia
68 Charles e Mary Lamb. Cinque racconti da Shakespeare
69 Prosper Mérimée. Lokis
70 Charles-Louis de Montesquieu. Storia vera
71 Antonio Tabucchi. Donna di Porto Pim
72 Luciano Canfora. Storie di oligarchi
73 Giani Stuparich. Donne nella vita di Stefano Premuda
74 Wladislaw Terlecki. In fondo alla strada
75 Antonio Fogazzaro. Eden Anto
76 Anonimo. Storia del bellissimo Giuseppe e della sua sposa Aseneth
77 Vanni e Gian Mario Beltrami. Una breve illusione
78 Giorgio Pecorini. Il milite noto
79 Giuseppe Bonaviri. L'incominciamento
80 Leonardo Sciascia. L'affaire Moro
81 Ivàn Turghèniev. Primo amore
82 Nikolàj Leskòv. L'artista del toupet
83 Aleksàndr Puškin. La solitaria casetta sull'isola di Vasilij
84 Michaìl Čulkòv. La cuoca avvenente

85 Anita Loos. I signori preferiscono le bionde
86 Anita Loos. Ma... i signori sposano le brune
87 Angelo Morino. La donna marina
88 Guglielmo Negri. Il risveglio
89 Héctor Bianciotti. L'amore non è amato
90 Joris-Karl Huysmans. Il pensionato signor Bougran
91 André Chénier. Gli altari della paura
92 Luciano Canfora. Il comunista senza partito
93 Antonio Tabucchi. Notturno indiano
94 Jules Verne. L'eterno Adamo
95 Manuel Vázquez Montalbán. Assassinio al Comitato Centrale
96 Julian Stryjkowski. Il sogno di Asril
97 Manuel Puig. Agonia di un decennio, New York '78
98 Victor Zaslavsky. Il dottor Petrov parapsicologo
99 Gesualdo Bufalino. Argo il cieco ovvero I sogni della memoria
100 Leonardo Sciascia. Cronachette
101 Enea Silvio Piccolomini. Storia di due amanti
102 Angelo Rinaldi. L'ultima festa dell'Empire
103 Luisa Adorno. Le dorate stanze
104 James M. Cain. Il bambino nella ghiacciaia
105 Enrico Job. La Palazzina di villeggiatura
106 Antonio Castelli. Passi a piedi passi a memoria
107 Wilkie Collins. Tre storie in giallo
108 Friedrich Glauser. Il grafico della febbre
109 Friedrich Glauser. Il tè delle tre vecchie signore
110 Mary Lavin. Eterna
111 Aldo Alberti. La Rotonda dei Massalongo
112 Senofonte. Le Tavole di Licurgo
113 Leonardo Sciascia. Per un ritratto dello scrittore da giovane
114 Mario Soldati. 24 ore in uno studio cinematografico
115 Denis Diderot. L'uccello bianco. Racconto blu
116 Joseph-Arthur de Gobineau. Adelaide
117 Jurij Tynjanov. Il sottotenente Summenzionato
118 Boris Hazanov. L'ora del re
119 Anatolij Mariengof. I cinici
120 I. Grekova. Parrucchiere per signora
121 Corrado Alvaro. L'Italia rinunzia?
122 Gian Gaspare Napolitano. In guerra con gli scozzesi
123 Giuseppe Antonio Borgese. La città sconosciuta
124 Antonio Aniante. La rosa di zolfo
125 Maria Luisa Aguirre D'Amico. Come si può
126 Sergio Atzeni. Apologo del giudice bandito
127 Domenico Campana. La stanza dello scirocco
128 Aldo Alberti. La Lega delle Dame per il trasferimento del Papato nelle Americhe
129 Friedrich Glauser. Il sergente Studer
130 Matthew Phipps Shiel. Il principe Zaleski
131 Ben Hecht. Delitto senza passione
132 Fernand Crommelynck. La martingala rovesciata
133 Rosa Chacel. Relazione di un architetto

134 Walter De la Mare. L'artigiano ideale
135 Ludwig Achim von Arnim. Passioni olandesi
136 Rudyard Kipling. L'uomo che volle essere Re
137 Senofonte. La tirannide
138 Plutarco. Sertorio
139 Cicerone. La repubblica luminosa
140 Luciano Canfora. La biblioteca scomparsa
141 Etiemble. Tre donne di razza
142 Marco Momigliano. Autobiografia di un Rabbino italiano
143 Irene Brin. Dizionario del successo dell'insuccesso e dei luoghi comuni
144 Giovanni Ruffini. Il dottor Antonio
145 Aleksej Tolstoj. Il conte di Cagliostro
146 Mary Lamb. La scuola della signora Leicester
147 Luigi Capuana. Tortura
148 Ljudmila Shtern. I Dodici Collegi
149 Diario di Esterina
150 Madame de Vandeul. Diderot, mio padre
151 Ortensia Mancini. I piaceri della stupidità
152 Maria Mancini. I dispiaceri del Cardinale
153 Francesco Algarotti. Saggio sopra l'Imperio degl'Incas
154 Alessandro Manzoni. Quell'innominato
155 Jerre Mangione. Ricerca nella notte
156 Friedrich Glauser. Krock & Co.
157 Cami. Le avventure di Lufock Holmes
158 Ivan Gončarov. La malattia malvagia
159 Fausto Pirandello. Piccole impertinenze
160 Vincenzo Consolo. Retablo
161 Piero Calamandrei. La burla di Primavera con altre fiabe, e prose sparse
162 Antonio Tabucchi. I volatili del Beato Angelico
163 Fazil' Iskander. La costellazione del caprotoro
164 Ramón Gómez de la Serna. Le Tre Grazie
165 Corrado Alvaro. La signora dell'isola
166 Nadežda Durova. Memorie del cavalier-pulzella
167 Boris Jampol'skij. La grande epoca
168 Vito Piazza. La valigia sotto il letto
169 Eustachy Rylski. Una provincia sulla Vistola
170 Jerzy Andrzejewski. Le porte del paradiso
171 Madame de Caylus. Souvenirs
172 Principessa Palatina. Lettere
173 Friedrich Glauser. Il Cinese
174 Friedrich Glauser. Il regno di Matto
175 Gianfranco Dioguardi. Ange Goudar contro l'Ancien régime
176 Palmiro Togliatti. Il memoriale di Yalta
177 Mohandas Karamchand Gandhi. Tempio di Verità
178 Seneca. La vita felice
179 John Fante. Una moglie per Dino Rossi
180 Antifonte. La Verità
181 Evgenij Zamjatin. Il destino di un eretico
182 Gaetano Volpi. Del furore d'aver libri

183 Domostroj ovvero La felicità domestica
184 Luigi Capuana. C'era una volta...
185 Roberto Romani. La soffitta del Trianon
186 Athos Bigongiali. Una città proletaria
187 Antoine Rivarol. Piccolo dizionario dei grandi uomini della Rivoluzione
188 Ling Shuhua. Dopo la festa
189 Plutarco. Il simposio dei sette sapienti
190 Plutarco. Anziani e politica
191 Giuseppe Scaraffia. Il mantello di Casanova
192 Enrico Deaglio. Cinque storie quasi vere
193 Aleksandr Bogdanov. La stella rossa
194 Eáca de Queiroz-Ramalho Ortigão. Il mistero della strada di Sintra
195 Carlo Panella. Il verbale
196 Severino Cesari. Storie per quattro giornate
197 Charlotte Robespierre. Memorie sui miei fratelli
198 Fazil' Iskander. Oh, Marat!
199 Friedrich Glauser. I primi casi del sergente Studer
200
201 Adalbert Stifter. Pietra calcarea
202 Carlo Collodi. I ragazzi grandi
203 Valery Larbaud. Sotto la protezione di san Girolamo
204 Madame de Duras. Il segreto
205 Jurij Tomin. Magie a Leningrado
206 Enrico Morovich. I giganti marini
207 Edmondo De Amicis. Carmela
208 Luisa Adorno. Arco di luminara
209 Michele Perriera. A presto
210 Geoffrey Holiday Hall. La fine è nota
211 Teresa d'Avila. Meditazioni sul Cantico dei Cantici
212 Mary MacCarthy. Un'infanzia ottocento
213 Giuseppe Tornatore. Nuovo Cinema Paradiso
214 Adriano Sofri. Memoria
215 Carlo Lucarelli. Carta bianca
216 Ameng di Wu. La manica tagliata
217 Athos Bigangioli. Avvertimenti contro il mal di terra
218 Elvira Mancuso. Vecchia storia... inverosimile
219 Eduardo Rebulla. Carte celesti
220 Francesco Berti Arnoaldi. Viaggio con l'amico
221 Julien Benda. L'ordinazione
222 Voltaire. L'America
223 Saga di Eirik il rosso
224 Cristoforo Colombo. Lettere ai reali di Spagna
225 Bernardino de Sahagún. I colloqui dei Dodici
226 Sergio Atzeni. Il figlio di Bakunìn
227 Giuseppe Gangale. Revival
228 Alfredo Panzini. La cagna nera
229 Giovanni Boccaccio, Francesco Petrarca. Griselda
230 Adriano Sofri. L'ombra di Moro
231 Diego Novelli. Una vita sospesa

232 Ousmane Sembène. La Nera di...
233 Eugenio Battisti. Il ricordo d'un canto che non sento
234 Wilkie Collins. Il truffatore truffato
235 Carlo Lucarelli. L'estate torbida
236 Michail Kuzmin. La prodigiosa vita di Giuseppe Balsamo, conte di Cagliostro
237 Nelida Milani. Una valigia di cartone
238 David Herbert Lawrence. La volpe
239 Ghassan Kanafani. Uomini sotto il sole
240 Valentino Bompiani. La conchiglia all'orecchio
241 Franco Vegliani. Storie di animali
242 Irene Brin. Le visite
243 Jorge de Sena. La finestra d'angolo
244 Sergio Pitol. Valzer di Mefisto
245 Cesare De Marchi. Il bacio della maestra
246 Salvatore Nicosia. Il segno e la memoria
247 Ramón Pané. Relazione sulle antichità degli indiani
248 Gonzalo Fernández de Oviedo. Sommario della storia naturale delle Indie
249 Pero Vaz de Caminha. Lettera sulla scoperta del Brasile
250 Felipe Guamán Poma de Ayala. Conquista del Regno del Perù
251 Gabriel-François Coyer. Come il prospero Chinki s'immiserì per la ricchezza della nazione
252 David Hume. Il caso di Margaret, detta Peg, unica sorella legittima di John Bull
253 José Bianco. Ombre
254 Marcel Thiry. Distanze
255 Geoffrey Holiday Hall. Qualcuno alla porta
256 Eduardo Rebulla. Linea di terra
257 Igor Man. Gli ultimi cinque minuti
258 Enrico Deaglio. Il figlio della professoressa Colomba
259 Jean Rhys. Smile please
260 Pierre Drieu la Rochelle. Diario di un uomo tradito
261 J. E. Austen-Leigh. Ricordo di Jane Austen
262 Caroline Commanville. Anche mio zio Gustave Flaubert era un letterato
263 Christopher Morley. Il Parnaso ambulante
264 Christopher Morley. La libreria stregata
265 Madame de Grafigny. Lettere di una peruviana
266 Roger de Bussy-Rabutin. Storia amorosa delle Gallie
267 Antonio Tabucchi. Sogni di sogni
268 Arnold Toynbee. Il mondo e l'Occidente
269 Ugo Baduel. L'elmetto inglese
270 Apuleio. Della magia
271 Giacomo Debenedetti. 16 ottobre 1943
272 Antonio Faeti. L'archivio di Abele
273 Maria Messina. L'amore negato
274 Arnaldo Fraccaroli. Tomaso Largaspugna uomo pubblico
275 Laura Pariani. Di corno o d'oro
276 Luisa Adorno. La libertà ha un cappello a cilindro
277 Adriano Sofri. Le prigioni degli altri
278 Renzo Tomatis. Il laboratorio
279 Athos Bigongiali. Veglia irlandese

280 Michail Kuzmin. Le avventure di Aymé Leboeuf
281 Concetto Marchesi. Il libro di Tersite
282 Lorenza Mazzetti. Il cielo cade
283 Marcella Olschki. Terza liceo 1939
284 Maria Occhipinti. Una donna di Ragusa
285 Steno. Sotto le stelle del '44
286 Antonio Tosti. Cri-Kri
287 Daniel Defoe. La vita e le imprese di Sir Walter Raleigh
288 Ronan Sheehan. Il ragazzo con la ferita all'occhio
289 Marcella Cioni. La corimante
290 Marcella Cioni. Il Narciso di Rembrandt
291 Colette. La gatta
292 Carl Djerassi. Il futurista e altri racconti
293 Voltaire. Lettere d'amore alla nipote
294 Tacito. La Germania
295 Friedrich Glauser. Oltre il muro
296 Louise de Vilmorin. I gioielli di Madame de ***
297 Walter De la Mare. La tromba
298 Else Lasker-Schüler. La gatta rossa
299 Cesare De Marchi. La malattia del commissario
300
301 Zlatko Dizdarević. Giornale di guerra
302 Giuseppe Di Lello. Giudici
303 Andrea Camilleri. La forma dell'acqua
304 Andrea Camilleri. La stagione della caccia
305 Robert Louis Stevenson. Lettera al dottor Hyde
306 Robert Louis Stevenson. Weir di Hermiston
307 Dashiell Hammett. La ragazza dagli occhi d'argento
308 Carlo Bini. Manoscritto di un prigioniero
309 Vittorio Alfieri. Mirandomi in appannato specchio
310 Silvio d'Amico. Regina Coeli
311 Manuel Vázquez Montalbán. Il pianista
312 Ugo Pirro. Osteria dei pittori
313 Irene Brin. Cose viste 1938-1939
314 Enrique Vila-Matas. Suicidi esemplari
315 Sergio Pitol. La vita coniugale
316 Luis G. Martín. Gli oscuri
317 William Somerset Maugham. La villa sulla collina
318 James Barlow. Torno presto
319 Israel Zangwill. Il grande mistero di Bow
320 Pierluigi Celli. Il manager avveduto
321 Renato Serra. Esame di coscienza di un letterato
322 Sulayman Fayyad. Voci
323 Alessandro Defilippi. Una lunga consuetudine
324 Giuseppe Bonaviri. Il dottor Bilob
325 Antonio Tabucchi. Gli ultimi tre giorni di Fernando Pessoa
326 Denis Diderot. Il sogno di d'Alembert. Seguito da Il sogno di una rosa di Eugenio Scalfari
327 Marc Soriano. La settimana della cometa

328 Sebastiano Addamo. Non si fa mai giorno
329 Giovanni Ferrara. Il senso della notte
330 Eduardo Rebulla. Segni di fuoco
331 Andrea Camilleri. Il birraio di Preston
332 Isabelle, Véronique e Marc Soriano. Il Testamour o dei rimedi alla malinconia
333 Maurice Druon. Il bambino dai pollici verdi
334 George Meredith. Il racconto di Cloe
335 Sergio Marzorati. Ritorno a Zagabria
336 Enrico Job. Il pittore felice
337 Laura Pariani. Il pettine
338 Marco Ferrari. Alla rivoluzione sulla Due Cavalli
339 Luisa Adorno. Come a un ballo in maschera
340 Daria Galateria. Il tè a Port-Royal
341 James Hilton. Orizzonte perduto
342 Henry Rider Haggard. Lei
343 Henry Rider Haggard. Il ritorno di Lei
344 Maurizio Valenzi. C'è Togliatti!
345 Laura Pariani. La spada e la luna
346 Michele Perriera. Delirium cordis
347 Marisa Fenoglio. Casa Fenoglio
348 Friedrich Glauser. Morfina
349 Annie Messina. La principessa e il wâlî
350 Giovanni Ferrara. La sosta
351 Romain Colomb. Stendhal, mio cugino
352 Vito Piazza. Milanesi non si nasce
353 Marco Denevi. Rosaura alle dieci
354 Robert Louis Stevenson. Ricordo di Fleeming Jenkin
355 Andrea Camilleri. Il cane di terracotta
356 Francesco Bacone. Saggi
357 Wilkie Collins. Testimone d'accusa
358 Santo Piazzese. I delitti di via Medina-Sidonia
359 Patricia Highsmith. La casa nera
360 Racconti gialli
361 L'almanacco del delitto
362 Baronessa Orczy. Il vecchio nell'angolo
363 Jean Giono. La fine degli eroi
364 Carlo Lucarelli. Via delle Oche
365 Sergio Atzeni. Bellas mariposas
366 José Martí. Il processo Guiteau
367 Marcella Olschki. Oh, America!
368 Franco Vegliani. La frontiera
369 Maria Messina. Pettini-fini
370 Maria Messina. Le briciole del destino
371 Maria Messina. Il guinzaglio
372 Gesualdo Bufalino. La luce e il lutto
373 Christopher Morley. La macchina da scrivere
374 Andrea Camilleri. Il ladro di merendine
375 Pino Di Silvestro. Le epigrafi di Leonardo Sciascia
376 Francis Scott Fitzgerald. La crociera del Rottame Vagante

377 Franz Kafka. Sogni
378 Andrea Camilleri. Un filo di fumo
379 Annie Messina. Il banchetto dell'emiro
380 Lucio Anneo Seneca. Alla madre
381 Tommaso Di Ciaula. Acque sante, acque marce
382 Giovanni Papapietro. L'amica di mia madre
383 Ignazio Buttitta. La vera storia di Salvatore Giuliano
384 Giovanni di Alta Selva. Dolopato ovvero Il re e i sette sapienti
385 Andrea Camilleri. La bolla di componenda
386 Daphne du Maurier. Non voltarti
387 Daphne du Maurier. Gli uccelli
388 Daphne du Maurier. L'alibi
389 Julia Kristeva. Una donna decapitata
390 Alessandro Perissinotto. L'anno che uccisero Rosetta
391 Maurice Leblanc. Arsène Lupin contro la Mafia
392 Carolyn G. Hart. Morte in libreria
393 Fabrizio Canfora, Gotthold Ephraim Lessing. L'educazione del genere umano
394 Maria Messina. Ragazze siciliane
395 Maria Messina. Piccoli gorghi
396 Federico De Roberto. La sorte
397 Federico De Roberto. Processi verbali
398 Andrea Camilleri. La strage dimenticata
399 Andrea Camilleri. Il gioco della mosca
400
401 Andrea Camilleri. La voce del violino
402 Goliarda Sapienza. Lettera aperta
403 Marisa Fenoglio. Vivere altrove
404 Luigi Filippo d'Amico. Il cappellino
405 Irvine Welsh. La casa di John il Sordo
406 Giovanni Ferrara. La visione
407 Andrea Camilleri. La concessione del telefono
408 Antonio Tabucchi. La gastrite di Platone
409 Le carceri dell'Inquisizione
410 Tullio Pinelli. La casa di Robespierre
411 Mathilde Mauté. Moglie di Verlaine
412 Maria Messina. Personcine
413 Pierluigi Celli. Addio al padre
414 Santo Piazzese. La doppia vita di M. Laurent
415 Luciano Canfora. La lista di Andocide
416 D. J. Taylor. L'accordo inglese
417 Roberto Bolaño. La letteratura nazista in America
418 Rodolfo Walsh. Variazioni in rosso
419 Penelope Fitzgerald. Il fiore azzurro
420 Gaston Leroux. La poltrona maledetta
421 Maria Messina. Dopo l'inverno
422 Maria Cristina Faraoni. Il giorno delle bisce nere